西方哲理译丛●

John Maynard Keynes

〔英〕约翰·凯恩斯——著

楚建海——译

就业、利息和货币通论

金城出版社
GOLD WALL PRESS

北京·2020

图书在版编目（CIP）数据

就业、利息和货币通论 /（英）约翰·凯恩斯
(John Maynard Keynes) 著；楚建海译．—北京：金
城出版社有限公司，2020.6
书名原文：The General Theory of Employment,
Interest, and Money
ISBN 978-7-5155-1941-8

Ⅰ.①就… Ⅱ.①约… ②楚… Ⅲ.①凯恩斯主义
Ⅳ.①F091.348

中国版本图书馆 CIP 数据核字（2019）第 274442 号

就业、利息和货币通论

著　者	（英）约翰·凯恩斯
译　者	楚建海
责任编辑	李凯丽
责任校对	李　涛
开　本	660 毫米×940 毫米　1/16
印　张	15
字　数	187 千字
版　次	2020 年 6 月第 1 版
印　次	2020 年 6 月第 1 次印刷
印　刷	三河市双峰印刷装订有限公司
书　号	ISBN 978-7-5155-1941-8
定　价	38.00 元

出版发行	金城出版社有限公司　北京市朝阳区利泽东二路 3 号 邮编：100102
发 行 部	（010）84254364
编 辑 部	（010）84250838
总 编 室	（010）64228516
网　址	http://www.jccb.com.cn
电子邮箱	jinchengchuban@163.com
法律顾问	北京市安理律师事务所　（电话）18911105819

原 序

虽然本书的读者主要针对我的同行，但我仍希望更多的人能看懂它。本书旨在对理论的困难问题进行探讨，而不将理论的实际运用作为重点。因为，如果正统经济学有错误，那么其错误必定不在于它的理论结构框架上（正统经济学的整个理论有着严密的逻辑一致性），其错误应该在于理论假设前提缺乏明确性和普遍适用性。因此，要想达到让其他经济学家重新审视自身理论的假设前提的目的，我只能进行大量的、抽象的争论。我也不想这样做，但这样的争论又确实很重要。一方面我需要阐述自己的观点，另一方面又需要指出自己同以往的理论的不同之处。在我称之为“古典”的经济理论已经“深入人心”的环境下，我能想象到别人会怎样看待我的理论，他们很可能会认为我的观点完全错误或毫无新意。但至于孰对孰错，我想还是留给后人去评说吧。我在本书中的论述旨在为后人评论时提供一些素材，正所谓“公说公有理、婆说婆有理”，所以如果我的观点过于“苛刻”而不小心伤及某些人的话，我真心希望能够得到他们的谅解。同时考虑到，对于现在要抨击的理论，我自己也深信过很多年，所以我想我不至于因为要抨击它而对其优点视而不见吧。

本书中争论的问题非常重要，但现阶段我还是希望这种争论停留在我和我的同行之间，至于普通民众我还是希望他们能甘当旁听者而不参与其中。如果我的观点是对的，我希望首先能够与我的同行达成共识。因为这些争论已经危及到了整个经济理论的实用性，而争论一日不停止，经济理论的实用性将一日得不到恢复。

本书与我五年前出版的《货币论》（*Treatise on Money*）有什么关系？其中的联系恐怕只有我会比其他人看得更清楚。在我看来，前者是我在后者基础上继续思索的结果；可在别人看来，前者可能是对后者的背离。尽管迫于压力我对某些名词术语进行了修改，但这并不足以减轻别人的看法。行文上的修改，我将在书中一一指出。至于两本书之间的关系，可以表述如下：《货币论》写作的前期，我沿袭的还是传统的思路，把货币看成是独立于供给和需求的一般理论之外的变量。完成该书之时，我的理论有了进步，我倾向于将货币理论拓展成为社会总产量论。但由于受"先入之见"的影响，对于产量改变的后果，我没能进行充分的讨论。现在看来，这正是该书（指《货币论》——译者注）在理论部分（即第三编和第四编）的硬伤。该书中提及的"基本公式"不过是在产量既定的假设下的瞬时图，那些公式本想尝试说明，为什么会有各种力量造成利润失衡，产出水平也随之改变。但不同于瞬时图的分析，该书在动态分析方面的论述是不完善的，也是很模糊的。与此不同，本书（指《就业，利息和货币通论》——译者注）则注重研究哪些因素决定社会总产出和就业量的变动。虽然货币仍占有极其重要和特殊的地位，但在本书中已不作为论述的重点，所以货币相关的技术细节，本书不做过多讨论。我们将会发现，对未来经济走势的预期在货币经济中起着重要的作用，不仅会影响就业的方向还会影响就业的数量。尽管我在分析中强调了预期的重要性，并且这种预期具有很大的变动性，但我分析的基础还是供给和需求的相互作用。因此，我提出的理论将是一个一般性的理论模型，而我们熟知的古典经济学将作为该模型的一个特殊情况出现。

撰写本书我尽量做到另辟蹊径，并尽量将观点的错误率降到最低。同时我很清楚，自己观点的不断完善离不开别人的批评和争论。对于经济学（以及其他社会科学）而言，由于不能进行规范性或试验性的检验，所以“闭门造车”的路子尤其不可取，那样极可能犯“一叶障目而不见泰山”的错误。撰写这本书的过程中，R. F. 卡恩先生（Mr. R. F. Kahn）提出了比我写《货币论》时更多的建设性的批评和建议，书中的很多观点都得益于此。此外，琼·罗宾逊夫人（Mrs. Joan Robinson）、R. G. 霍特里先生（Mr. R. G. Hawtrey）以及 R. F. 哈罗德先生（Mr. R. F. Harrod）都给予了很多帮助，他们审阅了全书。最后，剑桥大学国王学院的 D. M. 本苏曾 - 巴特先生（Mr. D. M. Bensusan - Butt）编写了本书的索引。

撰写本书的过程，对我来说是一段试图摆脱传统理论束缚的煎熬。如果我的论断是正确的，如果读者能仔细揣摩，他们就会和我有相同的感觉。考虑到我们是在传统理论的熏陶下成长的，所以必然会有“先入为主”的影响。虽然本书的表述很复杂，但道理非常浅显，可是让别人接受我的理论仍有不小的困难，而其中最大的困难不在于接纳新理论而在于摆脱旧理论的束缚。

J. M. 凯恩斯（J. M. KEYNES）

1935 年 12 月 13 日

译　序

谈及西方经济学发展史，有一个人是不得不提的，他就是英国著名经济学家——约翰·梅纳德·凯恩斯（John Maynard Keynes）。他及其追随者的理论被后人称之为“凯恩斯主义”，他是最富有的经济学家之一，他被视为资本主义的“救世主”，观其一生，就读并后来执教于剑桥大学的学术背景，就职于财政部、英格兰银行的职业背景，为西方经济学领军人物——马歇尔所赏识以及被晋封为勋爵的社会背景，这都是无人可比的。凯恩斯的理论颠覆了传统的经济学，而这本《就业、利息和货币通论》（*The General Theory of Employment, Interest and Money*）的出版，更是从根本上动摇了古典经济学的正统地位，真正拉开了“凯恩斯时代”的序幕。

在古典学派经济学家眼中，经济的运行是循规蹈矩的，有其内在的稳定性，至少从长期来看是这样，所以他们的理论都热衷于假设，似乎所有的问题都能被简单假设掉一样，而正是这些原因才使得他们的理论在解决问题时的实用性很差（面对1929年那场空前严重的经济危机时，他们表现出的无能就是最好的证明），而这样的理论就像是经济学家吹的一个漂亮的“泡泡”，当资本主义处在发展上升期时，它是那么的炫目美丽，一旦时过境迁，你就会发现它不过是一个经不起触摸的“泡泡”而已。而随着“泡泡”的破裂，人们对它们的执著和迷信也随之消失，而应运而生的凯恩斯理论便逐渐在理论界占据了主导地位。相比传统的经济理论而言，凯恩斯的理论可以用“务实”一词来形容。他认为，古典学派经济学家注重研究经济长期均衡的做法毫无意义可言。对此他曾说过一句名言，“在长期中，我们都将死去”，讽刺之意溢于言表。因此他转而将研究对象锁定为经济短期均衡的情况，并认为经济达到均衡并不等于经济达到最优，正是短期内总需求和总供给之间相互作用的影响，再加上经济主体预期的作用，经济体系中的“有效需求不足”导致了非充分就业，进而经济可能出现萧条或危机，进而存在政府作为重要的经济主体对经济进行干预的必要。可以说，特定的时代造就了凯恩斯，而凯恩斯也吻合了时代的要求。所以他的理论一经提出，便逐渐被大家所接受，尤其是当时的资产阶级统治者，他们的认可更加提升了凯恩斯的理论地位和世界影响力，时至今日仍有很多国家将其奉为圭臬。

在凯恩斯一生众多的著作中，这本《就业、利息和货币通论》被公认为是一本拯救资本主义的著作，是20世纪西方经济学最重要的著作之一，这足以见得该书在西方经济学领域的重要地位。

针对本译文，考虑到原著中的第二编内容与整本书的理论体系关系不大，第六编的内容大部分已经过时，因此这两部分译者选择了略而不译，若有兴趣，读者可以拜读原著或其他译作。而为了使读者对本书尽量有一个清晰的认识，译者在正文和脚注中作了一些必要的注释，希望能起到抛砖引玉的作用，帮助读者理清思路，理解作者真实的写作意图。在市场上，本书存在多个版本的译文，译者建议读者有时间的话能够阅读其中的两至三种，以期达到取长补短、去伪存真的目的。在这里，推荐读者阅读由徐毓枬先生译，商务印书馆出版的《就业、利息和货币通论》一书，此书用的是半文言的表达方式，虽然在阅读上有一定的困难，但其译文质量还是相当高的。最后，译者想说的是，因为经济学理论更新的速度很快，所以尽管本书被视为经典著作，但其中有些观点已经过时，因此读者要运用辩证、发展的眼光去看待本书中的观点，全盘接受和全盘否定都不可取，要尽量做到吸收其精华、摒弃其糟粕。

译 者

目　录

第一编　引　论

第二编　消费倾向

第三编　投资诱导

第四编　货币工资与物价

第一编

引　论

第一章　何谓通论

我将本书命名为《就业、利息和货币通论》，重点在于“通”字，目的是将我的观点和结论同“古典经济学派”① 区分开来。我是在“古典经济学”的熏陶下长大的。在过去一百年的时间里，无论在实践上还是理论上，该学派被誉为经济学的正统，主导着同时代统治阶层和学术界的经济思想。但我想阐明的是：古典经济学的理论假设过于苛刻，不具有普遍适用性，其所能说明的只是众多均衡状态中最优状态，而这种状态恰恰不是实际经济活动表现出的情形。所以，该理论在实际经济活动中的应用效果便会大打折扣，甚至会出现严重的误导。

---

① “古典经济学派”的称谓是马克思（Marx）发明的，用于泛指李嘉图（Ricardo）、詹姆斯·穆勒（James Mill）和他们以前的经济学家。其理论的集大成者是李嘉图。也许犯了偷梁换柱的错误，我习惯将那些继承李嘉图经济学并将其发扬光大的人也归于古典经济学派，例如 J. S. 穆勒（J. S. Mill）、马歇尔（Marshall）、埃奇沃斯（Edgeworth）以及庇古教授（Prof. Pigou）。

第二章　古典经济学的基本假定

大多数有关价值论、生产论的学说都将研究对象锁定为两点：资源既定的情况下如何进行配置；所用资源量适度的前提下，各种资源的相对报酬以及各种产品的相对价值如何决定。

以前的理论对于可用资源数量的问题，诸如可用劳动力规模、自然资源数量、资本设备积累量等，向来都是采用描述的方法予以 处理。同时，理论中对于决定资源实际使用率的描述少之又少。当然，要说这种描述完全没有未免荒谬，因为任何讨论资源使用量的论述都会提及上述问题。我不认为这个问题被忽视了，只是觉得关于决定资源实际使用量的因素的研究被简单化了，以致最多只是稍作提及①。

---

① 例如，庇古教授在其《福利经济学》(*Economics of Welfare*)，第四版，第127页中有这样一句话（着重号是我自己标注的）："除了特例，我们将在讨论中忽视资源拥有者意愿但未得到使用的事实。这样做非但不影响论证的实质，反而会使问题简化而更利于问题的研究。"两相对照，李嘉图明确表示不准备将国民经济总量作为研究对象，而庇古则在一本研究国民经济总量的书中主张古典经济学适用于充分就业和非自愿失业两种情形。

第一节

尽管未经总结，但我认为，被视为简单明了的传统劳动市场论有两个基本假定：

一、劳动的需求：实际工资等于劳动边际生产率

这就是说，支付给工人的工资应该等于每减少一单位就业量给企业带来的收益净损失(要扣除产出下降而减少的其他成本)。然而，按照相关理论的说法，市场和竞争的不完全性会导致二者不相等。

二、劳动的供给：实际工资等于劳动边际负效用

这就是说，劳动的实际报酬必须足以补偿（劳动者估算的）由于劳动所带来的体力消耗、疲困、不舒服等负效用。正如市场和竞争的不完全性会破坏第一个假定的限制条件那样，为保障劳动者合法权益的工会的出现会破坏第二个假定的限制条件。负效用的理解应该涵盖各种原因，以至于工资低于一定限度的话，一个人或一部分人宁愿失业也不愿意工作。

传统的劳动市场论认为，资本主义只可能存在“摩擦性失业”和“自愿失业”两种失业类型。摩擦性失业是达到充分就业状态前的短暂调整现象：例如，由于估计失误或需求链断裂导致资源配置失衡，或者由于无法预期造成的时滞，或者由于跳槽而暂时失去工作等等。因此，在一个非静态的社会，总会出现一部分劳动力由于各种阻碍而短暂失业的情况。而自愿失业则是由于法律规定、社会习俗、工会议价、厌恶工作变动或好吃懒做等原因造成的。摩擦性失业和自愿失业涵盖了传统的劳动市场论承认的失业的全部类型。但我认为，除此以

外还存在第三种类型的失业——非自愿失业。

按照传统的劳动市场论的观点，全社会的就业总量取决于劳动的供给和需求。根据上述第一个假定可以推导出劳动需求曲线，根据第二个假定可以推导出劳动供给曲线，这两条曲线的交点决定了社会的就业量。而在该就业水平上，劳动的边际生产率正好等于劳动的边际负效用。

由此推论，增加就业量的方法只有四种：

（1）改良机构，增强预见能力，以减少“摩擦性失业”；

（2）降低以实际工资表示的劳动边际负效用，从而减少“自愿失业”（即从劳动的供给入手解决就业，使人们更乐意劳动而不是赋闲——译者注）；

（3）提高工资品行业劳动者的边际生产率（庇古教授认为，工资品是货币工资的实际购买力的表现）（即从劳动的需求入手解决就业，提高企业家雇佣劳动的收益——译者注）；

（4）提高非工资品相对于工资品的价格，同时促使非工资劳动者将支出由工资品转移到非工资品（工资品可以理解为用工资可以购买到的物品，而非工资品可以理解为不能用工资购买到的物品，该点的意思应该是，促使人们将劳动视为生活的第一需要而不仅仅是谋生的手段——译者注）。

按照我的理解，以上便是庇古教授所著《失业论》（*Theory of Unemployment*）的主旨内容，而该书也是仅有的对传统劳动市场论的详尽阐述[①]。

---

① 庇古教授的《失业论》将在本书第十五章附录中进行更为详细的论述。

第二节

现实中真的只存在上述两种类型的失业吗？恐怕不是，因为实际生活中总会有一些人即便愿意接受现有的工资水平但仍得不到工作。按照传统的劳动市场论的观点，只要存在劳动力需求，在现行工资水平下就会有更多的人前来就业①。古典经济学派认为，这同理论的第二条假定并不矛盾。理由是：在现行工资水平下，可能出现劳动供给大于需求的现象，即一部分人不愿为“五斗米”折腰，而“五斗”的数量是由劳动者之间公开的或默认的协议决定的。同时，他们认为，只要劳动者全体同意降低工资水平，就业量自然就会扩大。所以，有些失业尽管表面看来并非自愿，但仍应该归属到自愿失业一类中，原因就是这部分人自愿为自己套上了“五斗米”的枷锁。

这引出了两点值得思考之处。第一，劳动者怎么看待实际工资和货币工资（也可以称之为名义工资——译者注），这一点在理论上并不重要；第二，劳动者看重的是实际工资还是货币工资，这一点很重要。

我们暂时假定，劳动者不准备接受较低的货币工资，那么如果现行货币工资降低则有一部分劳动者将通过罢工等形式退出劳动力市场。这时能否得出“现行实际工资水平准确测度了劳动者的边际负效用”的结论呢？恐怕不行。因为，即使现行货币工资水平下降导致了一部分劳动力退出就业市场，但工资品价格未必伴随下降，相反，如

---

① 引自《失业论》第5页脚注。（文中涉及的页码均为原著页码，下同——译者注）

果工资品价格上升（即劳动者生存压力加大——译者注），现行货币工资能够购买的工资品数量将减少时（实际工资下降——译者注），劳动者未必会退出就业市场。换句话说，也许在某种范围内，劳动者所要求的是一个最低限度的货币工资而不是实际工资。对此，传统学者的理论暗含着这样的结论，这种现象对他们的理论不会产生实质性影响。但事实并非如此。如果劳动供给函数不以实际工资作为唯一变量，那么他们的论述将完全崩溃，实际就业量也将难以确定①。古典经济学派似乎没有注意到，除非劳动供给仅仅是实际工资的函数，否则他们的劳动供给曲线将伴随物价的变动而变动。因此，传统的劳动市场论是建立在严格的假定条件之上的，它无法解释更为一般的情形。

日常经验也告诉我们，劳动者要求的是最低限度的货币工资而不是实际工资，这一点远非一种可能性而是一种普遍情况。尽管工人们强烈抵制货币工资的削减，但并不是每次当工资品价格上升时他们就会因为实际工资的下降而选择退出劳动力市场。可能有人觉得，劳动者只看重货币工资量而忽视实际工资量的做法很不合乎逻辑。但看了后面的论述，你就会发现，工人们这样做有其合乎逻辑的一面，而且幸亏他们会这样做。但是，话又说回来，别管是否合乎逻辑，工人们的确是这样做的。

单看经济不景气下的失业现象是劳动者拒绝削减货币工资引起的说法，那显然与事实不符。同样，人们也很难接受美国1932年的高失业率源于工人拒绝货币工资下调或要求一个实际经济能力无法负担

① 该论点详见本书第十五章附录。

的实际工资的观点。即便劳动生产率和劳动者期望的最低实际工资都不变的情况下，整个社会的就业量仍会出现很大的波动。劳动者并不会应为经济危机的出现而变得更为好斗，他们的生产效率也不会受到很大影响。这些源于经验的分析足以构成质疑古典学派的就业理论的初步理由。

针对货币工资变动与实际工资变动二者关系的研究，我想应该很有趣。若局限于某个行业内部，想必实际工资会随货币工资同方向变化。倘若工资变动存在于全体行业，我想，我们大概会发现，实际工资和货币工资不仅不会同方向变动，甚至会反方向变动，即货币工资上涨、实际工资反而下降；反之亦然。为什么会这样？其中的传导机理是这样的：短期内，全行业的货币工资下降会导致就业总量下降，进而产出减少，物价水平会下降。与此同时，在企业投入资本不变的前提下，以实物量表示的劳动者的边际生产率会增加，进而实际工资会上升。

如果现行实际工资确实是一个最低限度，那么一旦工资水平低于这个限度，无论如何就业量都不会超过现在的水平，而且除摩擦性失业外不存在任何非自愿失业。但认为事情必定如此也是很荒谬的。因为货币工资不变，工资品价格上升时，通常会有更多的人选择就业，尽管实际工资水平明明下降了。如果是这样，与现行货币工资相等的工资品价值（即实际工资——译者注）就不可能等于劳动的边际负效用，于是传统劳动市场论的第二个假定也无法成立。

不过还有一个更基本的非难。上述第二个假定源于这样一种理念，即实际工资水平取决于劳资双方的讨价还价。古典经济学家承认，劳资双方确定的是货币工资水平，他们也承认劳动者接受的实际工资水平同货币工资有些许联系。不过他们认为，谈判决定货币工资，而货币工资决定实际工资。因此，传统的劳动市场论认为，只要劳动者接受货币工资的削减，他们的实际工资期望值就会下降。实际工资等于劳动的边际负效用的假定显然包含这样的推论：劳动者能决定自己是否进行劳动的实际工资水平，却不能决定在该工资水平下的总就业量。

简而言之，传统的理论认为劳资双方的工资议价行为决定了实际工资的水平。在雇主之间充分竞争和工会不存在的前提下，如果劳动者愿意，他们总可以将实际工资修正到雇主意愿雇佣的劳动力数量下的劳动边际负效用水平上。而如果此前提不成立，那就没有理由指望实际工资和劳动的边际负效用二者趋同。

我们要注意，传统的劳动市场论将劳动者作为一个整体进行讨论，而劳动个体之间的差异不在其讨论范围之内。例如，如果一个人肯接受别人无法接受的削减后的工资水平，那他就获得了一个就业机会。他们认为，自己的理论不管是封闭系统还是开放系统都能有效适用，不会受到开放系统若干特征的影响，也不会受到一国削减货币工资对其外贸的影响。当然，这些情况已经超出了本书的讨论范围。他们还认为，削减货币工资总支出进而引发银行和信用体系连锁反应的情况（我们将在本书第十五章进行详细讨论），同样不会影响理论的适用性。这些结论都基于一个信念，那就是，在一个封闭系统中，除少数特例外，降低货币工资一般水平至少会在短期引起实际工资一般水平的下降，尽管二者下降的幅度并非总是相同。

现在可知，实际工资一般水平取决于劳资双方谈判达成的货币工资的假设并非显然成立。令人诧异的是，很少有人会尝试证明或反驳这一观点，因为它与古典理论的主旨不相一致。古典理论认为，物价水平决定于边际直接成本，而边际直接成本又在很大程度上决定于货币工资水平。因此，当货币工资水平发生变动时，可以想象古典经济学派会怎么说，他们肯定认为物价水平会作出同比例、同方向的变动，从而使实际工资水平和实际失业率保持大体不变，如果边际成本中有若干因素未作变动，劳动者就会得到少量的收益或损失[①]。但古典经济学派后来的研究没有遵循该思路，可能因为他们坚信劳动者可以决定自己的实际工资水平，也可能因为他们的先入之见——物价水平决定于货币的供求。而且一旦接受了劳动者可以决定自己的实际工资水平的命题，就会同另一个命题相混淆，即劳动者总是可以决定他们将在何种实际工资水平下达到充分就业，即最大就业量。

至此，我对传统的劳动市场论的第二条假定存在两点异议。第一点异议同劳动者的实际行为相关。在货币工资不变而物价上涨的情况下，一般不会出现劳动供给量低于物价上涨前的实际就业量的情况。如果出现了，那就说明所有在现行工资水平下愿意工作的人，只要生活费用稍有提高就不再愿意工作。很荒谬是吧，但这正是庇古教授《失业论》[②] 一书的主要内容，同时也是所有正统学派的学者墨守的成规。

第二点异议更基本，我将在后面的数章中加以论述。那就是，我不同意工资谈判决定实际工资一般水平的说法。劳资双方的谈判决定实际工资水平的假定，是传统的劳动市场论犯的一个致命的错误。因

① 我同意该观点，尽管我认为货币工资变动会引起更多、更复杂的后果。详见本书第十五章。

② 详见本书第十五章附录。

为，即便劳动者作为一个整体存在，也很难通过可行的办法达到实际工资等于现行就业量的劳动边际负效用的理想状态。也不存在任何途径，可以让全体劳动者与雇主通过谈判修改货币工资继而将实际工资削减到一个特定的水平。我将把试图阐明该问题作为本书的主要内容。同时，我还将指出人们对现行经济运行方面存在的根本性误解。

第三节

虽然个人或群体之间在货币工资水平上的斗争决定了实际工资的一般水平，但事实上这种斗争关注的是其他的目标。考虑到劳动力市场没有实现完全的流动，而且工资水平不可能严格反映不同行业的净收益水平，所以任何个人或群体如果同意接受比其他人相对较低的货币工资，则这些人的实际工资也会相对较低。而这正是他们反对削减货币工资最正当的理由。另外，考虑到货币实际购买力的变动会影响所有劳动者的事实，所以要抵制由此造成的实际工资的每次削减是不现实的，除非出现“物价飞涨而导致实际工资水平大幅度下降”的特殊情况。进而言之，相比全行业的抵制削减货币工资，个别行业的劳动者抵制削减货币工资的行为不会对社会整体的就业水平产生影响。

所以，货币工资层面的斗争主要影响的是实际工资总量在不同劳动群体间的分配，对于每个劳动者的平均实际工资没有影响。以后我们会知道，每个劳动者的平均实际工资水平是由另外一些因素决定的。工会的存在为的是保障劳动者得到相对合理的实际工资，而至于实际工资会处于什么一般水平则由经济体系中的其他因素决定。

值得庆幸的是，在对待削减工资问题上，劳动者总是无意中比古典经济学派的经济学家们表现出更大的理性。尽管现有工资水平高于劳动边际负效用时，他们仍会抵制削减工资，但这种情况一般只会存在于部分劳动者身上；而如果在维持货币工资相对水平不变的前提下，通过变相削减实际工资达到促进就业的目的时，劳动者通常不会予以抵制，除非实际工资的削减危及到了劳动者的基本生存问题。工会反对任何形式的工资削减行为，不管削减程度有多小。但它也不会在每次生活费用稍微上涨时就举行罢工活动。所以，工会并不像古典经济学派指责的那样，总是利用其垄断地位阻挠劳动力市场的自我调节。

第四节

下面我们将讨论古典经济学派不承认存在的第三类失业，即严格意义上的“非自愿失业”。

显然，我所说的“非自愿失业”不是指劳动者还存在尚未利用的劳动能力。我们不能因为本可以工作 10 小时，就认为只工作 8 小时就是失业。同时，由于不愿意接受一定的实际工资水平而放弃就业的行为也不属于我说的非自愿失业。进而言之，为了讨论的方便，我将“摩擦性失业”的情形排除在非自愿失业的范畴之外。那什么是非自愿失业呢？我的定义是：由于工资品价格相对货币工资上涨，现行货币工资水平下出现的意愿劳动总供给量和意愿劳动总需求量都大于现有就业量的情形下，一部分人意愿接受现行货币工资水平但仍找不到工作的情况。下一章我还会给出一个定义，但它们的本质意思是相同的。

由此可以推出，古典经济学派提出的实际工资等于劳动边际负效用的假定，其实际意义相当于非自愿失业率为零的情形。我们可以将古典经济学派研究的状态称之为“充分就业”，其包括“摩擦性失业”和“自愿失业”，还有数值为零的非自愿失业。因此，最好将古典理论称之为充分就业情形下的分配理论。事实上，只要古典经济学派假设的两个前提同时成立，前述意义的非自愿失业现象就不可能出现。所有的失业都源于以下原因：转业、跳槽过程中，暂时失去工作；专业技能要求提高，造成劳动需求暂时脱节；工会采取排外政策，限制工会以外的人就业。传统的学者由于忽略了古典理论隐含的特定条件，所以贸然得出了以下结论：一切失业（除了所承认的特例情况）都是由于劳动者拒绝接受以劳动边际生产率计量的报酬造成的。古典经济学家或许会同情劳动者抵制削减工资的行为，他也会承认为了应付暂时局面而削减工资是不明智的，但出于对理论的信仰，他们还是会宣称，抵制削减工资的行为是失业的病根。

显而易见的是，由于传统的劳动市场论描述的是充分就业的状态，所以我们不能期望运用该理论来研究非自愿失业存在的情形——如果这种类型的失业存在的话（可是谁又能否认它的存在呢）。古典学派经济学家就像生活在非欧几里得世界里的欧几里得式几何学家，一旦发现两条平行线违背日常经验相交于一点时，就会抱怨为什么直线不始终保持平直。因为在他们看来，“直线直走”才是避免相交的唯一方法。然而，抱怨是没有用的，解决问题的唯一途径就是要另行创造非欧几里得几何学。今天的经济学就遇到了同样的困境，需要进行理论上的创新。我们要推翻传统劳动市场论的第二条假定，承认非自愿失业的存在，另立一套经济体系的运行规则。

第五节

一方面，我们强调我们的观点有别于古典理论，但另一方面，我们也承认这两套理论有其相同之处。我们接受古典理论的第一个假定，并对它设定和古典理论一样的限定条件。因此，有必要在这里探究一下该假定的含义。

该假定认为，在组织、设备以及技术条件既定的情况下，实际工资和总产出（也可以是就业量）之间存在一一对应关系。因此，随着总产出的增加，实际工资会下降。对于这个古典经济学家的正确表述，我没有异议。在既定的组织、设备以及技术条件下，单位劳动力获得的实际工资同就业量成负相关关系。因此如果就业量增加了，短期内，单位劳动力获得的以工资品形态表示的报酬必然会下降，而企业的利润会增加①。这不过是我们熟知的一个命题的正面表述：短期内，设备等生产要素的量保持不变，受边际报酬递减规律的作用，随着就业量的增加，工资品行业（决定实际工资水平）的边际产量必然下降。所以，只要该命题成立，那么任何增加就业的措施都将导致相关行业边际产量的减少，进而引起实际工资水平的下降。

推翻传统劳动市场论的第二条假定后，我们发现，当就业量减少

① 举例说明：设工人总数为n，其中第n个工人的边际产量为1蒲式耳/天，则工人的实际工资为1蒲式耳/天的购买力。当雇佣第n+1个工人时，他的边际产量为0.9蒲式耳/天，则雇主愿意支付的工资就是0.9蒲式耳/天，否则就业量就不可能增加到n+1人。这时雇主支付的工资总额为0.9（n+1）蒲式耳/天。因此，就业量每增加1人，以前被雇佣的工人的一部分收入就会转移到雇主手中。

时，工人可以得到较高的实际工资；而就业量的减少，却不一定是因为工人要求提高实际工资导致的；即便工人降低实际工资的要求，最终就业量也未必会提高。这里涉及工资和就业之间的关系，此时还无法给予充分的阐述，详细讨论留待本书第十五章及其附录中进行。

第六节

自萨伊（Say）和李嘉图之后，古典经济学派一直信奉“萨伊定律”，即供给会自动创造相应的需求。他们很重视这一点，并认为全部生产成本必然会直接或间接地用于购买其他的产品。

J. S. 穆勒在其《政治经济学原理》（*Principles of Political Economy*）一书中，对此有以下详尽的论述：

商品是其他商品的支付手段，经济活动的参与者只能拿归自己所有的商品作为与其他人交换的条件。因此，可以说卖方在出卖自己的商品的同时又充当了其他商品的买方。要想达到经济总量翻番的目的，每一市场中商品的总供给首先需要增加一倍，与此同时，总购买力也会增加一倍。原因是，我们生产的目的是为了消费，一旦供给增加了，反过来相应的需求也会增加①。

由此学说还可以得到一个推论：如果消费者节制消费，那么一部分劳动产出将从消费领域中游离出来，通过投资进入资本品的生产领域中。下面摘自马歇尔（Marshall）的《国内价值纯理论》②（*Pure Theory of Domestic Values*）的引文就说明了这个观点：

---

① 参见《政治经济学原理》，第三编，第十四章，第二节。

② 参见原书第 34 页。

个人的收入最终全部用于商品消费和劳务支付两部分，但短期内，人们消费的只是可支配收入的一部分，其余部分则以储蓄的形式保存下来。所以，当一个人将收入用于当期商品、劳务支出时，我们称之为消费；而当一个人将部分收入用于投资，以期满足未来的消费时，我们称之为储蓄。但经济学公理告诉我们，储蓄的部分最终也要用于未来的消费。因此，选择马上消费还是储蓄，最终的效果是一样的。

上述论述在马歇尔的后期著作①以及埃奇沃斯（Edgeworth）和庇古教授的书中很难找到，因为现在的观点已经摒弃了原来那种粗陋的表达方式。但不可否认，它们是整个古典经济学的基石，没有它们，整个理论大厦将会倒塌。对于穆勒的学说，当代经济学家在接受问题上可能会犹豫不决。但对于以穆勒学说为前提的很多结论，他们则会毫不犹豫地全盘接受。庇古教授的几乎所有著作都流露出这种倾向，关于货币的作用他认为，除了会增加交易中的摩擦力外，有没有货币并无大碍，生产和就业理论可以（就像穆勒认为的那样）完全建立在“物物交换”形态之上，而货币只是随便起作用，因此不必认真对待——这就是现代古典理论的表达方式。但现代理论仍旧摆脱不了旧的观念，即如果人们不以某种形式把钱花掉，他们也会以另一种形式

① 霍布森（J. A. Hobson）在其《工业生理学》（*Physiology of Industry*）（第102页）中引用了穆勒这段话，然后指出，马歇尔在其《工业经济学》（第154页）中作了以下评述：“虽然人有购买能力，但人们可以选择不使用。”霍布斯接着写道：“很显然，马歇尔先生没有抓住问题的关键，他似乎以为这种情况只会在危机时刻才会发生。”而我认为，从马歇尔以后的著作来看，他的评述还是公正的。

把钱花掉[1]。但战后的古典学派经济学家很少能自洽地坚持该观点，一方面是因为他们的理论融入了很多反对学派的观点，另一方面是这种理论同他们前面的观点明显不一致[2]。不过他们始终没有足够的勇气迈出实质性的一步，因而他们没有修订自己的基本理论。

按照鲁宾逊·克鲁索（Robinson Crusoe）的经济，我们可以无视经济活动中的交易行为，因为每个人消费和储蓄的来源都是自己的产出。古典经济学派错误地认为，这种观点可以类比到实际生活中，这可能就是为什么他们会得出荒谬结论的原因。另外，古典经济学派还混淆了一些概念，好使自己的观点同大家公认的观点很相像。“所有投入社会生产的生产要素报酬总和必然恰好等于社会总供给”的观点的正确性是公认的。但古典经济学派提出了一个相似的观点：“产出的成本总能由需求引致的销售总收益弥补”（这无异于是在说，社会总供给必然恰好等于社会总需求——译者注）。

类似地，人们很自然地会认为：如果一个人在增加个人财富的同时又不会减少别人的财富，那么社会财富总额必然增加。所以，“个人财富净增量的总和恰好等于社会财富总额的净增量”的观点的正确性是无可置疑的。但古典经济学派提出了另一个相似的观点：“个人的储蓄行为必然会引起与之相对应的投资行为”（这无异于是在说，

---

① 马歇尔夫妇在其《工业经济学》一书，第17页中这样写道：“用不经穿的材料做衣服，人们未必会加大用于衣服上的开支。但即便不把钱花在衣服上，他们还是会把钱花在其他方面。他们如果那样做，仍会促进其他产业的就业。”读者可能会注意到，我又一次引用了马歇尔早期的话。其实，当马歇尔写《经济学原理》时，他已经开始怀疑原来的说法，其表现就是行文用词更加谨慎，更模棱两可。但他始终没有摒弃旧思想的基本假定。

② 现在几乎只有罗宾斯（Robbins）教授一个人还始终保持前后一致的理论体系，还运用该理论来指导实践。

个人储蓄必然通过投资的形式增加社会财富总额——译者注)。

然而，古典经济学派的观点是很难成立的，因为受到错觉的蒙蔽，他们误将两种本质不同的行为混为一谈了。他们错误地认为，节制现在的消费和预备未来的消费两种决策有着某种内在的协调关系。而事实上，决定消费的动机和决定储蓄的动机之间并不存在简单的联系。

“社会总供给必然恰好等于社会总需求”的论断是古典经济学家信奉的“平行公理”(言外之意，古典经济学理论已不适用于当代情况，就像“平行公理”并不适用非欧几里得几何领域一样——译者注)。如果该论断成立，古典经济学派的其他观点，诸如，节约有益社会论、利息论、失业论、货币数量论、国际贸易有益论也就成立了。而这些通通都是我要质疑的。

第七节

在本章各节，我们陆续指出了古典经济学理论的三个假定，表述如下：

(1) 实际工资等于劳动边际负效用；

(2) 严格意义的非自愿失业不存在；

(3) 供给创造需求。即不管产出和就业处于何种水平，社会总需求必定等于社会总供给。

上述三个假定的实质是一样的，它们在逻辑上相互关联、共存共亡。

第三章　有效需求原理

第一节

本章开始我们先介绍几个经济术语，而它们的准确定义，我们会在以后给出。在技术、资源以及成本既定的前提下，雇主意愿的劳动雇佣量取决于两类费用的大小：第一类是支付给生产要素的费用（不包括企业之间的支付），我们称之为影响就业量的生产要素成本（factor cost）；第二类是从其他企业购买产品，以及支付给其他企业家本人的费用，用以弥补他不让机器设备闲置而遭受的损失，我们称之为使用者成本（user cost）①。超出要素成本与使用者成本之和的那部分最终产值即为利润，我们也称之为企业家收益（income of the entrepreneur）。当然，被企业家视为生产要素成本的东西，对各个生产要素而言则是他们的收入。因此，生产要素成本加上企业家利润就构成了企业雇佣劳动的总产出。利润最大化是企业家决策劳动雇佣量时秉承

① 详细定义参见本书第六章（指的是原版书第六章，本译文已省略——译者注）。

的原则。当从企业家角度分析问题时，为方便起见，我们可以称某特定就业量下的总产出为该就业量的预期收益（即企业家预期的能从消费者的消费行为中得到的收益，可以认为是产出的总需求价格——译者注）。那么特定就业量产出的总供给价格[1]（即卖掉社会总产出而得到的售货款总额——译者注）就是企业家值得提供该就业量的预期收益[2]。

因此，在技术、资源和要素成本既定的前提下，单个厂商、行业以及整个行业的就业量取决于企业家预期能从相应产出中获得的收益[3]。企业家期望的是能使利润最大化的就业量水平。

设 N 为就业量，Z 为该就业规模下的产出的总供给价格，我们可以将二者的关系用一个函数表示，$Z=\phi(N)$，该式我们称之为总供给

① 不可同单位产出的供给价格相混淆，这里的概念更具一般性。

② 读者会注意到，我已经将使用者成本从既定产量的收益和总供给价格中扣除。因此，尽管购买者支付的总价款中包含总使用者成本，但此处的收益和总供给价格不包括净使用者成本。这样做到好处，到第六章（指的是原版书第六章，本译文已省略——译者注）的时候就能明白。重要点是：总收益和扣除净使用者成本的总供给价格可以给出一个唯一并且确切的定义。而使用者成本同产业集中度以及企业间的交易量相关，脱离这两点就很难确定使用者成本总额。甚至在界定单个生产者支付的使用者成本时也会遇到类似的困难。而且，在全部产出的总供给价格下，还会出现严重的重复计算收益的问题。对于这些困难，向来没有一个合理的解决办法。如果非要考虑总使用者成本，那就只能估计产业集中度并按照产品的性质将企业分为消费品生产和资本品生产两类。然而这样做的难度极大，而且效果也不尽如人意。但如果总供给价格被界定为在净使用者成本之上，则上述问题就不会出现。读者最好还是等读到第六章及附录的时候再考虑这一问题。

③ 企业家在决定生产规模时，会有不止一个预期，而这种预期是在产量、收益率都不确定的情况下作出的。因此，我所说的企业家的收益预期，是指企业家在面临一系列不确定因素的情况下作出的和没有这些不确定因素时一样的预期。

函数（Aggregate Supply Function）[1]。同样，设 N 为就业量，D 为企业家提供该就业量水平下的预期收益，同样我们可以将二者的关系用一个函数表示，$D=f(N)$，该式我们称之为总需求函数（Aggregate Demand Function）。

现在，给定就业量 N 的取值，如果预期收益大于总供给价格，即 $D>Z$，那么企业家就会在利润的驱使下增加就业量，N 的数值会变大，企业间生产要素的竞争会增加生产要素成本从而降低收益预期，最终就业量增大到 N 值，此时 D 又会等于 Z。因此，就业量决定于总供给曲线和总需求曲线的相交点，因为只有在这一点企业家的利润预期才能实现最大化。此时总需求函数那点对应的 D 值，我们称之为有效需求（effective demand），它是本书的核心，所以接下来的数章，我们将分别考察影响这两个函数所依赖的各种因素。

而古典经济学理论认为“供给创造自己的需求”，该观点构成了整个正统经济学的理论基础。仔细研究，我们会发现古典经济学派的这种观点其实是给总供给和总需求函数设定了苛刻的条件。因为“供给创造自己的需求”意味着：在任何产出或就业水平下，总需求必然恰好等于总供给。即 N 取任何值，等式 $F(N)=\phi(N)$ 始终成立。当 $Z(=\phi(N))$ 随 N 的增加而增加时，$D(=f(N))$ 会增加同样的幅度，最终达到 $D=Z$。古典经济学理论的这种观点，只有在总供给曲线和总需求曲线重合的时候才能成立。而且在古典经济学理论中，有效需求不再是一个唯一的均衡值，而变成了一个无穷的、同等可接受的数列。因而，除了劳动边际负效用给劳动供给量设定了一个上限

[1] 在本书的第十六章，我们会接触到一个与之相关的函数——就业函数。

之外，实际的就业量是无法确定的。

如果上述论述成立，企业家之间的竞争将会使就业量扩大到总供给不再具有弹性的一点，即有效需求的变动无法引起总供给变动的状态点。事实证明，在这种状态下，经济就算实现了充分就业。在上章中，我们利用劳动者行为给充分就业下过定义。现在，我们将给出充分就业的另一个定义，充分就业是指市场达到的总供给对于有效需求无弹性的状态。至此我们明白了，萨伊定律描述的是在没有任何阻力的情况下，市场保持充分就业的理想状态。那是不是该摒弃萨伊定律呢？不可以。因为萨伊定律虽然描述的是一种极其少见的就业状态，但如果没有它，所有关于总就业量的讨论都将失去意义。

第二节

虽然读者会出现理解上的困难，但对以后数章将要论述的就业理论有个概括性的认识，对读者还是有好处的。此时读者完全可以对有些概念不求甚解，因为以后我还会对它们进行更加详细的解释。考虑到货币工资等是否发生变化并不影响理论的实质，出于论述的方便，此时我们将假定单位劳动的货币工资和其他生产要素成本恒定。但在以后的论述中，我们会逐渐放松这些限制条件。

下面就是我的就业理论的框架。实际总收入会随着就业量的增大而增大，而伴随收入的增加，受社会心理因素影响人们的总消费也会增加，但增长幅度相对收入而言较小。因此，如果增加就业引致的产出增量仅够满足人们即期消费需求，雇主将因得不到额外利润而遭受损失。因此，要想维持既定的就业量，就必须有足够大的即期投资消化掉总产出超过总消费的部分。否则，企业家在提供并维持该就业量上就缺乏动力。因此，假定社会消费倾向不变，则均衡就业水平将取决于即期投资需求的大小。此处的均衡就业水平指的是，就业达到的企业家无动力扩大和缩小即期劳动雇佣量的水平。即期投资需求又决定于我们所说的“投资诱导”的水平，而影响投资诱导的因素有两个：一个是资本的边际效率；另一个是同各种期限、风险相关的贷款利率。

因此，如果消费和新投资倾向不变，则只可能存在一个就业水平使得整个社会的总供给价格和总需求价格达到均衡。而此均衡就业量不大可能**大于**充分就业水平，即实际工资水平低于劳动边际负效用（即工人承受本无法承受的压力而忘我地工作的状态，这种情况不大会出现——译者注）。而且，一般来讲，我们也不能期望该均衡就业量恰好**等于**充分就业水平。这种情况很少出现，除非消费倾向和投资诱导间存在某种特殊关系。而古典经济学派研究的正是这种特例的情况。从某种意义上说，充分就业的状态是一种理想化的最优状态，除非出于巧合或设计，即期投资引致的需求增量恰好等于充分就业状态下总供给未被社会及时消费的部分。

我的就业理论可以归纳为下述命题：

（1）技术、资源、成本给定的前提下，收入（包括货币收入和实际收入）取决于就业量 N 的大小。

（2）社会收入与预期消费之间的关系（记为 D_1）将依赖于社会心理影响，我们将称之为**消费倾向**（propensity to consume）。消费量 D_1 亦取决于就业量 N 的大小，函数表示为 $D_1 = X(N)$，X 代表**消费倾向**。

（3）企业家意愿提供的就业量取决于有效需求 D 的大小。而 $D = D_1 + D_2$，D_1 代表总需求中用于消费的部分，D_2 代表总需求中用于新投资的部分。

（4）因 $D_1 + D_2 = D = \phi(N)$，式中 ϕ 为总供给函数，又因为 $D_1 = X(N)$，所以 $= \phi(N) - X(N) = D_2$。

（5）因此，均衡就业量取决于 3 个因素：a. 总供给函数 ϕ；b. 消费倾向 X；c. 投资量 D_2。这就是本书的基本内容。

（6）在工资品行业中，对应于每一个 N 的取值，都存在一个对应的劳动边际生产率。而后者决定的实际工资水平决不能低于劳动的边际负效用。换言之，上述第（5）点所决定的 N 只适用于实际工资大于或等于劳动边际负效用的情况。因此，我们有必要放松货币工资不变的假设条件。

（7）古典理论的错误在于：它认为在 N 的任何取值下，$D \equiv Z$（D 恒等于 Z——译者注），而企业家寻求最大利润的动机又会把 N 扩大到充分就业的水平。古典理论只有在这一点处存在稳定均衡。

（8）消费量 D_1 不能随就业量 N 的增加而作出同比例的增加。所以，随着就业量 N 的增加，总供给 Z 和消费需求 D_1 间的缺口会越来越大。因此，如果消费倾向不变，除非投资需求 D_2 会按照消费需求 D_1 的不足而自动加以弥补，否则就业量就不能增加。因此，除非像古典经济学家认为的那样，存在某种力量促使 D_2 总是弥补有效需求的不足，否则经济系统在达到充分就业状态前就会达到均衡状态，即总需求等于总供给。

因此，失业问题来源于有效需求的不足，即来源于消费需求 D_1 和投资需求 D_2 的不足，而不是像古典学派经济学家认为的那样，来源于实际工资水平的过高。实际工资只是为劳动者提供自身劳动数量设置了一个上限，事实上我认为，情况恰恰相反，不是实际工资水平决定了就业量，而是就业量决定了实际工资水平。如果受消费倾向和投资的影响造成有效需求不足，实际就业水平就会低于现行实际工资水平下的潜在劳动供给水平，此时的实际工资将大于该就业水平下的劳动边际负效用。

上述分析为我们解释"丰裕中的贫困"这一矛盾现象提供了依据。因为出现有效需求不足现象时，尽管劳动的边际生产率大于劳动边际负效用，工人有提供劳动的意愿，但企业家不得不以失业的方式来减少生产以缓解供求之间的矛盾。所以有效需求不足最终会阻碍生产的正常进行，就业量也会在达到充分就业水平前停止增长。从而就出现了，劳动总供给极大"丰裕"和工人找不到工作而生活"贫困"并存的矛盾现象。

而且，社会越富裕，实际产出与潜在产出之间的差距就越大，而且经济系统的缺陷就越明显和令人无法忍受。贫穷社会的产出绝大部分用于消费，因此只要有小量的投资就足以让社会达到充分就业的状态；相反，在富裕社会，要想使富人的储蓄倾向与穷人的就业意愿不相冲突，则社会必须提高足够大的投资量。如果富裕社会中的投资诱导相对较弱，那么尽管存在潜在财富，实际产出量会大大低于潜在产出量，受有效需求原理的作用，社会不得不维持在一个"贫困"的状态，这样做才能与较弱的投资诱导相适应。

但更糟糕的是，在富裕社会中，不仅消费倾向表现低迷，投资意愿也会很微弱。因为，富裕社会的资本积累额已经很大，除非利率能够降到足够低的程度，否则投资的吸引力将极其微弱。这些引出了本书第三编的内容，到时我们将研究利息论以及利率为什么不会一直自动下降到适合水平的问题。

因此，消费倾向的分析、资本的边际效率的定义以及利率理论，是我们现有知识必须填补的三个主要空白。这个工作完成之后，我们将发现：价格理论已不再重要，它已俨然成为我们的一般理论的附属理论。货币在利息论中占有重要的地位，后面我们将努力揭示其区别于其他事物的特征。

第三节

以李嘉图为代表的古典经济学派向来忽视总需求函数，这也是一个世纪以来正统经济学教授给我们的理念。尽管，马尔萨斯（Malthus）曾对李嘉图“有效需求不存在不足状态”的观点进行过激烈的抨击，但收效甚微，原因是他没能解释清楚（除了用日常观察到的现实情况说明）有效需求为什么会不足或过多，而且也没有系统地提出自己的观点。就像宗教法庭征服了西班牙那样，李嘉图征服了英国，他的理论为市民、政治家和学者所接受，从此人们停止了争论。别的理论开始从人们的视野中消失，而且人们也不屑于讨论别人的观点。而至于马尔萨斯的抨击，也逐渐从经济文献中消失了，而在那些由马歇尔、埃奇沃斯和庇古教授等人编写的堪称古典经济学理论的登峰造极之作中更是只字未提。有效需求的概念只有在像卡尔·马克思（Karl Marx）、西尔维·盖赛尔（Silvio Gesell）或梅杰·道格拉斯（Major Douglas）这些经济学者的书中才能看到。

李嘉图理论登上了经济学理论的正统宝座，尽管这实在让人感到奇怪和费解，但该理论确实迎合了社会各阶层的口味。对于普通大众而言，我认为可能正是该理论与其预期不同反而增加了它的学术权威，再加上该理论指导实践时表现出的严格性和困难性，人们更是从心理上增加了对它的期望和好感。对于统治阶级而言，该理论将现实生活中的不公平和残酷事实归为社会发展过程中的不可避免现象的做法，符合他们的统治理念；对于资产阶级而言，作为当权者背后主要的社会力量，该理论提倡自由竞争反对政府干预的做法，符合他们的利益。

尽管该理论直到现在仍为正统经济学家深信不疑，但随着时间的推移，该理论在指导实践方面表现出的软弱无力也逐渐损害了它的声誉。自马尔萨斯以来，尽管正统经济学家对于理论结果与观察事实不符的现象无动于衷，但基于此，人们越来越不愿意像尊重其他领域的科学家那样尊重经济学家了，显然前者研究的理论结果通常都能得到观测事实的印证。

古典经济学理论以过于乐观（optimism）著称，所以信奉它的都是一群靠精神胜利法活着的人。他们生活在自己的理想世界中，并教导人们：事物会以自然的方式朝着美好的前景发展。我认为，他们之所以会有这种想法，是因为他们忽略了有效需求不足可能对经济发展起到的阻碍作用。古典经济学理论本身就是在经济体系会自动朝着最优状态发展的假设下建立起来的，它代表了我们所希望的经济运行方式，但这仅仅是希望，因为我们不能用假设的方式去解决现实世界中的困难。

第二编

消费倾向

第四章 影响消费倾向的客观因素

第一节

我们分析的最终目的是找出决定就业量的因素。到此为止，我们仅仅取得了一个初步的结论——就业量决定于总供给函数和总需求函数的交点。总供给函数主要依赖供给的物质状况，其中的道理大都已为人熟知。总供给函数的表现形式可能不同，但包含的基本要素不是新的。在本书的第十六章，我们将讨论总供给函数的反函数——**就业函数**。但是，总体来讲，总需求函数的作用还是被忽视了，所以本书的第二编和第三编我们将着重关注总需求函数。

总需求函数反映的是一定就业量水平与该就业量水平下预期能实现的“收益”之间的关系。此处的“收益”由两部分构成：既定就业水平下的消费量和投资量。而决定二者的因素是不同的，所以本编我们将研究前者——即决定消费量的各种因素，下一编我们再研究后者——决定投资量的各种因素。

既然我们关注的是就业量既定下的消费量，所以严格来说，我们

需要构造消费量 C 和就业量 N 之间的函数。但为了研究的方便，我们需要对函数的变量做些许改变，即我们将用工资单位（具体含义参见本章第二节——译者注）计量的消费额 C_w 代替消费量 C，用工资单位计量的收入数 Y_w 替换就业量 N。但这样做有一个不好的地方，因为 Y_w 未必总与 N 是一一对应的关系。因为，Y_w 和 N 关系可能取决于(尽管程度可能很小）就业的具体情况。也就是说，就业总量 N 在不同领域的具体分配（个人的就业函数形状不同，第十六章将会有所涉及）可能会影响 Y_w 的取值。因此，我们要特别关注这个因素。但是，通常我们可以认为 Y_w 和 N 是一一对应的，这样做还是比较精确的。如果 Y_w 和 C_w（给定收入水平下的消费支出）间的关系用函数表示，即消费倾向，那么我们构造的消费函数可以表述为：

$$C_w = X(Y_w)，或 C = W \cdot X(Y_w)$$

整个社会的消费额部分取决于以下因素：1. 收入额；2. 其他客观因素；3. 社会成员的主观需要、心理倾向和习惯、收入分配方法(可随收入增加而改变）等。消费的各种动机往往是相互交织在一起的，所以任何对这些动机分类的企图都是无用的，甚至有“画蛇添足”之嫌。但为了分析的便利，我们还是决定将影响消费倾向的因素分为两大类分别讨论，分别是主观因素和客观因素。下一章我们将集中讨论影响消费倾向的主观因素，包括人的心理特征、社会习惯和制度，而后者只有在社会动荡或变革时才会发生大的变动，而短期内可以认为保持不变。考虑到只有在研究一个社会的经济史或比较不同社会类型的消费情况时，我们才有必要关注主观因素的变动对消费倾向的影响，所以在以后的讨论中，我们将假定主观因素是不变的，而只讨论客观因素对消费倾向的影响作用。

第二节

影响消费倾向的主要客观因素，可以归纳如下：

(1) 工资单位的改变。从某种意义上讲，消费 C 是实际收入的函数而不是名义收入的函数。在技术、偏好以及决定收入分配的社会条件既定的前提下，一个人的实际收入将随其能够提供的劳动单位的数量，即以工资单位计量的所得的增减而增减①。虽然当总产量增加时，受边际报酬递减规律的作用，实际收入增加的量不及以工资单位计量的产出增加量。但大致来说，我们完全可以假定：如果就业量不变而工资单位发生变化，则消费支出将像物价上涨一样作同比例的变化。尽管在某种情况下，我们必须考虑一种情况，那就是由于工资单位改变引起的实际收入的变化进而引起收入在企业家阶层和食利阶层之间分配，从而导致消费量的改变。但除此之外，我们确实考虑了工资单位改变对消费的影响，因为我们构造的消费函数 $C_w = X(Y_w)$ 中的自变量和因变量都是以工资单位计量的。

(2) 收入和净收入间的差额的变动。我们以前提过，消费量取决于净收入而不是收入。因为按照定义，人们在进行消费预测时，首先考虑的就是自己的净收入。一般情况下，净收入和收入之间的关系是稳定的，也就是说二者在数量上有一一对应的关系。如果不是这样，则在净收入中没有反映出来的任何收入变动都必须被忽略掉，因为它

① 工资单位即简单劳动单位时间内创造的以货币表示的劳动成果，较复杂的劳动可以按照一定的比例折合成简单劳动；劳动单位即劳动量或就业量。——译者注

对消费没有影响。同样，没有在收入中反映出来的任何净收入的变动都要被考虑进来，因为它影响了实际的消费。而除了特例情形外，我不认为这种因素会在现实中很重要。在本章的第四节，我们将回过头来详细讨论收入与净收入间的差额对消费的影响。

（3）计算净收入时未考虑到的资本价值的意外变动。这种意外变动具有随意性和难以预知性，这反而增强了其对消费倾向的影响程度。对有产阶级而言，不可预知的财富价值的升水和缩水会对他们的消费行为产生重要的影响。因此，这一点可以认为是短期内影响消费倾向的重要因素之一。

（4）时间贴现率，即现在物品与将来物品的交换比率的改变。时间贴现率不同于利率，在确定时间贴现率时需要考虑一切类型的风险，如可预见的货币购买力的变化、罚没性税收支出、寿命不长等等。然而，在近似估算时，我们可以用利率代替时间贴现率。

然而，该因素对既定收入下消费量的影响，还存在很多疑问。古典经济学派认为，利率可以促使储蓄的供给和需求趋于平衡。他们认为，在其他因素不变的情况下，消费支出同利率变动的方向是相反的，即利率的上升显著会使消费减少。不过大家都承认，利率对消费的影响是复杂而且不确定的，最终的效果将取决于几种相互牵制的力量之间的作用。所以，提高利率并不会引起所有人增加储蓄，有些人反而可能作出减少储蓄的决策。从长期来看，利率的大幅变动很可能会改变社会的习惯，从而影响主观的消费倾向——尽管除非有实际经验，这种影响的后果很难预测。而短期内，利率水平通常不会发生较大变化，因而不会对消费产生较大的直接影响。因为如果总收入不变，人们不可能仅仅因为利率由 5% 降到了 4% 就改变已有的生活方式。但这里可能有较多的间接影响，虽然影响的方向也可能不尽相同。利率的变动会引起有价证券和其他虚拟资产增值或贬值，这也许是它影响消费的重要途径。如果受利率变化影响，一个人的虚拟财富大大增加，那么即使到最后他的实际收入并不会发生变化，他也会倾向于增加消费；反之亦然。这种间接影响，在上面的第（3）点中我们已经有所涉及。除此之外，经验给我们的结论是：短期利率水平的变动对消费的影响是次要的，但如果短期内利率水平发生了不寻常的大幅变动，那就应该另当别论了。如果利率处于极低水平，人们将倾向于购买年金而不是储蓄，因为这种水平下的利息没有多大的吸引力，而购买年金反而有养老的作用，这也许就是“负储蓄”现象出现的原因。对生活前景的不确定性预期，会引发消费倾向的变动，这种情况也应被归为此类。

（5）财政政策的变更。既然个人储蓄的动机是获取预期的收益，那么，显然储蓄的量不仅取决于利率的高低，还取决于政府的财政政策。同利率一样，所得税、资本利得税、遗产税这些对食利者征收的歧视性税收都会影响个人的储蓄行为。同利率相比，政府的财政政策的变动性更大，因而个人更难进行预测。如果政府有意将财政政策作为均衡财富的一种手段，那么财政政策对消费倾向的激励影响会更大[①]。

我们还必须考虑政府设置的偿债基金，此类款项是从正常税收中按一定比例提取的，它对总消费倾向也会产生影响。偿债基金可以视为一种集体储蓄行为，而大量设置该类基金的政策应被视为压制消费

① 财政政策对财富增加的影响，很多人存在误解。但在论述本书第三编中的利率论之前，我们不准备对该问题作详细讨论。

倾向的信号。因此，政府从积极的财政政策变为消极的财政政策时（或相反的做法），就会造成严重的有效需求萎缩（或扩张）。

（6）预期的现有收入和未来收入之间差距的改变。为了论述的完备性，我们必须考虑这种因素。对于个人而言，这种因素对其消费倾向的影响可能很大；但对于整个社会而言，由于不同个体的预期产生的效果之间会相互抵消，所以这种因素对总的消费倾向的影响可能不大。而且一般而言，这个因素太不确定，所以不会有多大影响。

因此，我们可以得到一个结论：一般情况下，如果我们不去考虑工资单位变动的影响，则消费倾向可以被认为是一个相对稳定的函数。除资本价值发生意外变动、利率和政府的财政政策的改变会对消费倾向造成重要影响外，其他的客观因素虽然不可忽视但所起的作用都是微乎其微的。

现实情况是，在给定总体的经济形势下，以工资单位计量的消费支出主要取决于就业量和产出量。考虑到这一点，我们完全可以将其他影响消费的客观因素笼统地用“消费倾向函数”的方式表达。在影响消费方面，其他因素可以发挥作用（这点决不能忽视），但通常我们认为，以工资单位计量的收入数才是构成总需求函数中消费部分的主要变量。

第三节

消费倾向是一个比较稳定的函数，一般而言，消费额 C_w 主要取决于收入数 Y_w（二者都是以工资单位计量的），所以我们一般不考虑函数本身的变化。那么，消费函数的正常形状是什么样的呢？

不论是人的本性还是实际生活经验，它们都告诉我们一条可以信赖的心理规律：一般而言，收入增加时，人的消费也会增加，只是增加的量后者不及前者。所以，如果我们用 C_w 代表消费量，Y_w 代表收入额，ΔC_w 和 ΔY_w 分别代表二者的增加额，那么受心理规律的作用，$\Delta C_w < \Delta Y_w$，也可以表达为：$0 < \frac{dC_w}{dY_w} < 1$。

这种情况尤其适合研究消费者的短期行为。短期内，就业量会发生正常的波动，但人们的消费习惯——有别于更加稳定的心理倾向——根据客观环境变化而进行的相应调整也需要一个过程，人们还是习惯于在满足以前消费水平的基础上，才会考虑将剩余的收入用于储蓄。即使消费支出会做出相应调整，这种调整也是不完全的。由此可见，收入的上升往往会引起储蓄的上升；反之亦然。而且，这种引致效应会随着时间的推移而减弱。

但是，除了短期内的收入变动外，较高水平的绝对收入会明显地扩大收入和消费之间的差额。对个人及其家庭来说，满足自身的基本需求是排在第一位的，只有在第一需求满足之后才会考虑储蓄的问题。所以，一般来说，实际收入增加时，储蓄占收入的比重也会显著增加。别管最终储蓄占收入的比重是不是真的增加了，在现代社会中下面的心理规律基本上还是成立的：对社会整体而言，实际收入增加，消费会相应增加，但增加的绝对量的后者会小于前者，所以储蓄的绝对量会增加，除非其他因素同时发生了强烈且不寻常的变化。正如我们要在下文中提到的那样①，经济体系运行的稳定性主要取决于

① 参见本书原版第251页。

这条在生活中普遍适用的规律。也就是说，随着就业量和实际产出的增加，并非所有的新增产出都会被用于新增消费。

另一方面，当收入由于就业形势恶化而大幅下降时，甚至会出现新增消费超过新增产出的现象。个人或群体动用经济形势好时的储蓄是一方面原因，政府有意或无意地出现的财政赤字是另一方面原因，比如通过借贷方式增加支出以达到促进就业的目的。这样，当就业量下降到一个低水平时，总消费量下降的幅度会相对较小。其原因，一方面在于个人的行为习惯，另一方面在于政府采取的适当政策。这两点可以解释一种现象，即经济会经常出现轻微波动，但同时又总是趋于达到另一个均衡点。如果不是这样的话，一旦就业和收入开始下降，经济就有可能一直恶化下去。

这个简单的道理和我们以前提及的一个结论很像，即就业量只会伴随投资量的增加而增加，除非消费倾向发生大的变化。原因很简单：正常情况下，消费只能消耗掉新增就业量引致的产出增加的一部分，除非投资能够及时填补二者间的空缺，否则新增就业量将被企业家视为无利可图。

第四节

我们决不能低估上述事实的重要性，即就业量是预期消费和预期投资的函数，但设其他因素不变，消费量是净收入的函数，也是净投资的函数（因为净收入等于消费加净投资）。换句话说，在投资量一定的情况下，从净收入中提取的备用金比例越大，投资对消费进而对就业的拉动作用就越小。

当备用金（或补充成本）全部用于现有资本设备的维护时，上述问题还不明显。但当备用金的量超过现有设备维护实际支出量时，它对就业的消极作用就显现出来了。原因在于：这部分超出额既不会直接促进当期投资，也不能用于消费。所以，这部分超出额就必须由新增投资来弥补。虽然对新增投资的需求与备用金的提取之间毫无关系，但正是由于后者的存在，当期对新增投资的需求往往很小。但为了维持某一特定就业量，加大对新增投资的需求是必需的。此外，上述讨论同样适用于包括使用者成本在内的其他损耗，如果这些损耗在实际上没有得到弥补的话。

以一栋房屋为例，在被损毁或遗弃之前，它都可以用于居住。假设房东会从收取的每笔房租中提起一定比例的备用金用于补偿房屋的折旧，但如果这部分资金既没有用于房屋的修缮又没有用于实际的消费，那么不论它被算作 U 还是 V 的一部分（U 代表使用者成本，V 代表补充成本——译者注），其对就业量的抑制作用将一直存在，直到该房屋需要重建时，被压制的就业量才会爆发出来。

在静态经济体系中，这些问题可以不予考虑，因为每年中的旧房屋的折旧额正好等于新房屋的建造费用。但是在非静态经济体系中，特别是在对使用期很长的设备进行长期投资以后，这种问题就非常严重。因为，企业家已经为现有设备提取了大量的储备金，虽然设备会被逐渐损耗，但目前需要的维修费用远未达到实际提取的备用金水平，所以新增投资的很大一部分会被大额的备用金所抵消。这种情况产生的后果是：收入只能处于一个较低的水平，低到与低水平的净投资相适应。所以，在资本设备重置（提取准备金的目的所在）之前的很长一段时间内，提取的准备金会减少消费者的实际购买力。也就是说，用于补偿折旧的储备金会减少当期的有效需求，只有在旧设备真正需要重置的时候，才会增加有效需求。如果企业采取“谨慎的折旧政策”的话，即提取超过实际损耗的备用金，其减少当期有效需求的后果会更严重。

1929 年的美国就是一个例子。受过去五年投资急剧扩张的影响，企业提取了巨额的偿债基金和折旧资金。而距离这些设备需要重置还有很长一段时间，因此社会急需巨额的新增投资来吸收这些准备金。而在社会处于充分就业并极其富裕的情况下，寻求更多的大量新增投资几乎是不可能的。单是这一因素就足以引发一场经济危机。而萧条期间，有实力的大公司继续采用“谨慎的折旧政策”，这又严重阻碍了经济的早日复苏。

或者，我们可以拿现在（1935 年）的英国为例进行说明。一战后，大规模的房屋及其他项目建设，使得偿债基金达到了空前的规模。而地方当局和公众机构又拘泥于所谓的“稳健财务政策”，在重置之日到来以前，就提取充足的准备金以便提前回收初始投资。这样做导致的后果是：即使人们将所有的净收入全部用于消费，但由于官方以及半官方以法定的形式要求投资者提取准备金，所以总的有效需求仍很少，实现充分就业会非常困难。地方当局每年提取的偿债基金，我认为[①]超过了其每年投资总量的一半[②]。不知道当卫生部要求地方当局严格提取偿债基金时是否会意识到一个问题，那就是，这种

① 实际数字被认为没有多大意义，以至于两年或两年以后才会公布。

② 1929 年 3 月 30 日至 1930 年 3 月 31 日期间，地方当局用于资本设备的支出共计 8700 万英镑，但其中的 3700 万为提取的偿债基金。1932 年 3 月 30 日至 1933 年 3 月 31 日期间，相应的数字分别为 8100 万英镑和 4600 万英镑。

政策会使失业问题更加严重。下面我们讨论建筑协会贷款给个人帮助其建造房屋的情况。由于个人想尽快偿清债务，所以他会倾向于储蓄超过房屋修缮费用的资金——不过此类情况似乎应该归为消费倾向的降低而不是实际收入的减少。举几个实际数字，从 1925 年到 1933 年，建筑协会的贷款额增加了 1.03 亿英镑，而贷款偿还额增加了 4400 万英镑，由 1925 年的 2400 万英镑增长到了 1933 年的 6800 万英镑。而现在的偿还额很可能还会更高。

关于产量统计数字反映的是投资额而不是净投资的事实，科林·克拉克（Colin Clark）在所著《1924—1931 年国民收入》（*National Income, 1924—1931*）一书中已经说得很明白。他指出，通常情况下折旧额会占投资额的很大比重。下表所示的就是，他估计的英国 1928—1931 年①的毛投资和净投资的情况，他所谓的毛投资可能包含我所说的使用者成本，所以该数值比我估计的值要大，而至于他所说的“净投资”的定义是不是和我想的一样，我还不太清楚。

单位：百万英镑

年份	毛投资	折旧	净投资
1928	791	433	358
1929	731	435	296
1930	620	437	183
1931	482	439	43

① 参见原书的第 117—138 页相关内容。

库兹涅茨（Kuznets）在计算美国1919—1933年的毛资本形成(即我所谓的投资量）时，也得到了类似的结论——产量统计数字反映的是投资额而不是净投资。库兹涅茨先生也发现了由毛投资得出净投资的困难，他写道，从毛资本形成进而得出净资本形成的困难，也是矫正当期耐用商品消费的困难，困难不仅来源于数据的缺乏，还来源于耐用商品的年损耗这一概念本身的含糊性①。因此他只能假定：企业提取的折旧、损耗基金正确反映了其使用的耐用品的实际折旧、损耗情况。另外，对于个人所有的房屋和其他耐用品的折旧、损耗，他也决定不予考虑。库兹涅茨关于美国的研究结果很有意思，可以概括成如下的表格：

单位：百万美元

年份	毛资本形成（包括企业存货变动的净值）	企业家的维护、修理、检修、折旧和损耗	净资本形成（根据库兹涅兹先生的定义）
1925	30，706	7，685	23，021
1926	33，571	8，288	25，283
1927	31，157	8，223	22，934
1928	33，934	8，481	25，453
1929	34，491	9，010	25，481
1930	27，538	8，502	19，036
1931	18，721	7，623	11，098
1932	7，780	6，543	1，237
1933	14，879	8，204	6，675

① 摘自国民经济研究局（National Bureau of Research）的《公报》（第52号）披露的库兹涅兹先生将要出版的书中内容。

从上表我们可以看出：1925—1929 年这 5 年之中，净资本形成非常稳定，在上升阶段的后期其增长的比例也不过 10% 左右。即便在萧条阶段的低谷时期，企业家提取的维护、修理、检修、折旧和损耗费用仍维持在一个很高的数额。但是，库兹涅茨先生的方法肯定会大大低估每年折旧等费用的增长额，因为他估计的折旧等费用尚不及每年净资本形成的 1.5%。但是自 1929 年以后，净资本形成一落千丈，1932 的数值比 1925—1929 年这 5 年的平均值下降了 95% 以上。

尽管上面的讨论有点脱离正题，但我们必须强调一点：即便我们掌握大量财富，计算净收入时也需要扣除大量的收入，如果忽略了这一点，则即使公众愿意花费掉自己的净收入的绝大部分也无法摆脱消费倾向低下的困境。

再重复一遍：消费是一切经济活动的终结和唯一目的。就业机会的多少绝对要受到社会总需求的限制，而社会总需求又来源于当期消费和未来消费。未来消费是我们出于有利可图的考虑而推迟的消费，但这种消费不可被无限期推迟。至于未来消费的数量，它并不取决于我们理财的打算，而取决于当期实实在在的劳动产出。但是，如果对于未来消费，社会和经济组织将财务上的准备和物质上的准备相分离，那么前者的准备工作做得再好，后者的工作也不一定做得好。财务上的谨慎会趋于减少当期消费总需求，进而会对社会福利造成影响。这样的例子很多，不胜枚举。而且，我们为将来的消费做的准备越多，以后就越难再做这样的准备，而且总需求对当期消费的依赖就越大。然而，不幸的是，我们的收入越多，收入与消费之间的缺口就越大。因此，正如我们将要看到的，要想解决问题，在找不到其他的有效应对措施的情况下，社会就只能采取增加失业量以使社会贫穷到一定程度的方法，来达到消费与收入的差额不超过现在生产的“供将来消费的物质储备”的价值的目的。

或者我们可以换个角度来看这个问题。消费一部分可以由当期生产的物品来满足，一部分可以由以前生产的物品来满足，我们称后者为负投资。消费依赖后者得以达到一定程度满足，当期需求就会缩减，进而当期支出的一部分就很难变为净收入的一部分。反之，如果本着满足未来消费的目的增加当期产出，当期需求就会增加。而所有的投资都会变成未来的负投资，所以，随着资本存量的增加，使资本投资超过资本负投资的数量大到足以能弥补净收入和消费之间的差额，就成为一个日益难以解决的问题。只有预期未来的消费支出提高时，当期新增投资才会超过原有资本的负投资。为了使当期经济体系达到均衡，我们需要增加当期投资，但这种做法又会加剧未来经济体系失衡的风险。当期消费倾向的降低只有在人们预期未来的消费倾向会提高的情况下才不至于影响当期公共福利。这不禁让我们想到“蜜蜂预言”——今天的忙碌，为的是明天的享受。

但值得一提的是，有件事情很奇怪：只有当政府充当投资者，进行道路或房屋修建的时候，人们才会注意到上述最终会面临的困难。这也是人们通常反对政府进行公共领域投资以提高就业的理由，因为人们会问：如果政府现在为将来数量不变的人口建造了他们所需的所有房屋、道路、市政厅、高压电网、供水等设施，那以后的政府还能干什么呢？而对于私人投资和私人产业扩张，这种理解上的困难仍然存在，特别是对于私人产业的扩张。因此，人们对厂房设备的需求比对房屋的需求更容易得到满足，而且它只能吸收个人的少量资金。

如同此处我们关于资本进行的讨论一样，我们在其他方面的理解上仍存在不少困难。但这些理解上的困难，源于我们没有充分了解一个事实，即资本的形成离不开消费，它无法自我实现；相反，消费倾向一旦降低，往往具有长期性，人们的消费需求会减少，资本形成的需求也会减少。

第五章　影响消费倾向的主观因素

第一节

上一章我们讨论了影响消费倾向的客观因素，这一章我们将接着讨论另一类可以对消费倾向施加影响的因素——主观因素，即主观的和社会的消费偏好和动机。分析这些因素并无新颖之处，所以我们不准备做全面论述，而只就其中的几个重要点进行分析。

一般来说，影响消费倾向的主观因素主要有八种，而且每种动机都可以促使个人摆脱收入的约束去安排用于消费的支出：

（1）建立储备金，以备不时之需。

（2）预期将来的收入和支出之间的关系会发生改变，所以个人或家庭会进行相应储备。例如，为了养老、家庭成员教育或抚养未成年人。

（3）为了获得孳息。即偏好将来获得更多的实际消费，从而减少当期消费而换取孳息的行为。

（4）希望生活越来越好。出于本能，人们希望生活水平能逐步提高，而不是下降，即使在享受生活的经济实力下降的时候，我们仍会这样做。

(5) 经济独立和投资创业的意愿。哪怕这只是一种意愿，我们不会付诸任何实际行动。

(6) 为从事投机或发展事业积累本钱。

(7) 希望给后人留下遗产。

(8) 守财欲。即一味地缩减开支，节约达到了不合理的程度。

上述八种动机依次可以称为：谨慎、远虑、筹划、改善、独立、创业、自豪和贪婪。此外，我们还能列出一些消费动机，如享受、短视、慷慨、失算、摆阔和奢侈。

除了私人积蓄，在现代工业社会中（如英国、美国）有大约 1/3 或 2/3 的财富会掌握在地方政府、社会组织和公司企业手中。后者的储蓄动机与私人相似但不相同，主要有如下的四种：

(1) 经营动机，即可以不必在市场上募集资本或举债，而有能力从事更多的资本投资。

(2) 流动动机，即取得流动性资产，以应付突发事件、经营困境和经济萧条。

(3) 进取动机，即保证经营收入逐年增加，这样一来，经理人可以免受股东批判。因为人们很难区分收入的增加，到底是由于过去的积累还是当期效率的提高。

(4) 谨慎动机，即财务政策上的谨慎态度，这会促使企业家提取数量超过使用者成本及补充成本的准备金，以便在资产发生实际损耗和折旧前，加快偿还债务和回收投资的速度。这种动机的强度，主要取决于资本设备的数量、性质以及生产技术的变革速度。

上述这些动机，都使得一部分收入退出了消费领域。但有时这些动机却会促使消费超出收入水平。如上面提到的一些私人储蓄动机就会转化为以后的负储蓄动机，为防老和家庭需要进行的当期储蓄就属于这种动机。用借款来支付失业救济金可以被看作负储蓄的一种形式。

经济体系和组织的上述动机的强度会伴随以下因素的改变而改变：种族、受教育水平、成规、宗教和流行风气所形成的习惯；现在的预期和过去的经验；资本设备的规模和技术水平；收入分配状况和当期生活水平。但在本书的论述中，除了个别题外话，我们不关心社会变革的后果，也不关心潜移默化作用的影响。这就是说，我们将把形成储蓄和消费的主观因素看作是既定的。由于收入的分配取决于社会结构，而社会结构具有长期稳定性，所以收入分配就可以被视为长期中缓慢变化的因素，所以它也是既定的。

第二节

综上所述，影响消费倾向的主观动机和社会动机一般来说变动缓慢，而利率和其他客观因素短期内也不会对消费倾向造成重大影响。因此，我们可以得出如下结论：短期内，消费量的变化主要取决于收入（以工资单位计量）的变化，而不取决于既定收入下的消费倾向的改变。

尽管如此，我们还是应该根除一种误解：上文是说，相当温和的利率变动，对消费**倾向**的影响不大。但并不是说，利率的变动对**实际**储蓄量和消费量的影响很小。相反，利率的变动对实际储蓄量的影响是非常重要的，但其影响的方向与通常所设想的相反。原因是，虽然高利率的确有降低消费倾向的作用，但我们可以断言，利率的上升必定会减少实际的储蓄量。因为总储蓄受到总投资的影响，所以利率的上升（除非被相应的投资需求曲线的变动所抵消）会减少投资，进而收入也会下降，降至储蓄等于投资的水平。由于收入下降的绝对量会超过投资下降的绝对量，所以利率的上升必将导致消费量的减少。而消费量的减少并不意味着储蓄的增加，相反，利率的上升会导致消费和储蓄同时减少。

由此，即使利率的上升会促使社会将既定收入中的更大部分用于储蓄，我们仍能断言：利率的上升（如果不存在可以提高投资需求的因素）一定会减少实际总储蓄量。类似的论证方法甚至可以告诉我们，在其他条件不变的情况下，利率的上升会使收入降低多少，因为收入的降低量引起的储蓄的减少量等于在当期资本的边际效率下利率的上升所造成的投资的减少量。下一章我们将详细讨论这个问题。

如果我们的收入保持不变，则提高利率可以诱导我们多储蓄一些。但如果利率的提高抑制了投资，则我们的收入不会也不可能保持不变。收入必定下降，从而降低储蓄的能力，进而抵消高利率对储蓄意愿的刺激。因此社会越是进步，人们越是节俭，国家和个人越是坚持稳健的财务原则，当利率相对资本的边际效率上升时，我们的收入下降得就越多。上述结果是不可避免的，要知道，顽固地按照上述行事，只会给我们带来惩罚，不会带来任何好处。此种结果是不可避免的。

那么，如此说来，实际的总储蓄量和总消费量与谨慎、远虑、筹划、改善、独立、创业、自豪和贪婪的动机就没有丝毫关系吗？难道节俭的美德和浪费的罪恶没什么区别，一切只取决于利率和资本的边际效率二者的比较？不，这样的说法显然有些夸大其词。如果利率能时刻维持在充分就业的水平，那么节俭还是应该提倡的——此时，资本积累的速度取决于消费倾向的增减变化。至此，我们明白了为什么古典经济学派经济学家会颂扬节俭的美德，因为他们暗中作出了一个假设，即利率总是被控制在能维持充分就业的水平。

第六章　边际消费倾向与乘数效应

在第四章，我们已经确立了一点：除非消费倾向发生改变，否则就业量只能随投资数量的增加而增加。现在，我们准备把这个思路再推进一步。在既定的条件下，我们可以在收入量和投资量之间建立一个确定的比例，这个比例我们可以称之为“乘数”。再加上一些简化条件，我们又可以在总就业量和直接被用于投资的就业量（也可以称之为“第一级就业量”）之间建立一个如此的比例。这个进一步的步骤是我们整个就业理论中一个不可或缺的部分，因为它可以在消费倾向给定的情况下，构建起总就业量、总收入量和总投资量之间的精确关系。乘数的概念最先是由 R. F. 卡恩先生提出的，他在自己的论文《国内投资与失业之间的关系》(*The Relation of Home Investment to Unemployment*)（载于《经济学杂志》，1931 年 6 月刊）中首次将乘数引入了经济学理论。他在该文中的论述全部建立在一个基本假定上，即如果把各种假设情况下的（以及其他一些条件）消费倾向作为一个既定量，如果金融机构或其他公共机构采取措施刺激或阻挠投资，那么就业量就是投资量净变化的函数。该文的目的在于建立一些基本原理，用以估计净投资的增量和由此引致的就业总量的增量之间的数量关系。但在论述乘数以前，我们最好先介绍一下“边际消费倾向”(marginal propensity to consume) 这一概念。

第一节

本书所考察的实际收入的波动，仅限于在资本设备给定的前提下就业量（也即不同数量的劳动单位）的变化，故实际收入将伴随就业量的增减而增减。如果像我们通常假定的那样，给定资本设备而增加劳动单位时边际劳动报酬会递减，则用工资单位计量的收入增加的比例会超过就业量增加的比例。而后者又会超过用实物计量的（如果可能的话）实际收入增加的比例。但在短期内，资本设备几乎不会发生变化，所以用实物计量的实际收入和用工资单位计量的收入就会同增同减。考虑到实际收入涉及实物的统计，而这种统计无法用精确的数量计量，所以出于方便的目的，我们常常把以工资单位计量的收入（Y_w）作为实际收入变动的可行指标。一般而言，Y_w 的增减幅度大于实际收入的增减幅度，这一点在某些特定情形中不能忽视。但是，在另外一些情形中，由于它们总是同增同减，因而在应用上二者可以互换。

以前我们提过一个心理规律，即消费量会随着实际收入的增减而增减，但前者的增减速度不及后者。而在这里，这条心理规律可以被修改为另外一种形式（这种形式并非绝对准确，要受一些条件的约束，但这些限制条件是显而易见的，可以轻易地以完整的形式加以表述），即 ΔC_w 和 ΔY_w 的符号相同，并且 $\Delta Y_w > \Delta C_w$，其中 C_w 是以工资单位计量的消费量。我们将$\frac{dC_w}{dY_w}$定义为**边际消费倾向**。

$\frac{dC_w}{dY_w}$ 这个变量非常重要，它可以告诉我们，下一期产量的增量将如何在消费和投资之间进行分配。由于 $\Delta Y_w = \Delta C_w + \Delta I_w$，其中 ΔC_w 代表消费增量，ΔI_w 代表投资增量，又由于 $\Delta Y_w = k\Delta I_w$（这里的即为前面提到

的乘数——译者注)，进而我们可以推导出边际消费倾向的表达式

$$\frac{\mathrm{d}C_w}{\mathrm{d}Y_w} \approx \frac{\Delta C_w}{\Delta Y_w} = \frac{k\Delta I_w - \Delta l_w}{k\Delta I_w} = 1 - \frac{1}{k}$$

我们称 k 为投资乘数。这个乘数告诉我们，当总投资量增加时，收入将以倍于投资增量的数量增加。

第二节

卡恩先生的乘数 k 和我们这里要提的就业乘数 k′稍有不同，因为他的乘数衡量的是投资品行业的第一级就业量的增量与由此而导致的总就业量的增量之间的比例。也就是说，如果投资的增量 ΔI_w 所导致的投资品行业的第一级就业量为 ΔN_2，则总就业量的量为 $\Delta N = k'\Delta N_2$

一般来说，我们没有理由认为 $k = k'$，因为我们未必能够假定不同行业的总供给函数的有关部分都具有以下特征：需求增量和由其引起的就业量增量的比例在各个行业都是相同的①。实际上，我们很容易想出导致的情况。例如，假设边际消费倾向和平均消费倾向存在很

① 更精确的论证是，设 e_e 和 e'_e 分别代表全体行业的就业弹性和投资品行业的就业弹性，N 和 N_2 分别代表全体行业就业量和投资品行业就业量，则有：

$$\Delta Y_w = \frac{Y_w}{e_e \cdot N}\Delta N$$

又，$\Delta I_w = \dfrac{I_w}{e'_e \cdot N_2}\Delta N_2$

故，$\Delta N = \dfrac{e_e}{e'_e}\dfrac{I_w}{N_2}\dfrac{N}{Y_w}k\Delta N_2$，即 $\mathrm{k}' = \dfrac{e_e}{e'_e}\dfrac{I_W}{N_2}\dfrac{N}{Y_w}\mathrm{k}$。如果没有理由认为全体行业的总供给函数和投资品行业的总供给函数会具有显著的差别，则：

$\dfrac{I_w}{e'_e \cdot N_2} = \dfrac{Y_w}{e_e \cdot N}$，则$\dfrac{\Delta Y_w}{\Delta N} = \dfrac{\Delta I_w}{\Delta N_2}$，进而可以推导出 $k \neq k'$。

大差异，则$\frac{\Delta Y_w}{\Delta N}$和$\frac{\Delta I_w}{\Delta N_2}$很可能存在一些差异，因为消费品需求变动的比例和投资品需求变动的比例会存在差异。即使我们考虑到两类行业各自的总供给函数的相关部分在形状上会存在差异，以后把下面的论证推广到一般的形式也不会存在很大的困难。但是，为了便于阐述基本思想，我们将从 $k=k'$这一简单情况开始讨论。

假设，受社会消费心理的影响，人们意愿将其收入增量①$\frac{9}{10}$的用于消费，则投资乘数 $k=10$（这可由$\frac{\Delta C_w}{\Delta Y_w}=1-\frac{1}{k}$推导出——译者注）。它表示：在其他投资不减少的情况下，政府增加公共领域的投资引致的总就业的增量将 10 倍于该项投资本身引致的第一级就业的增量。而随着就业量和实际收入的增加，如果社会的消费量仍维持不变，则就业量的增加就被限定在公共投资本身所提供的就业量范围内。另一方面，如果社会意愿消费掉全部收入增量，则经济体系将会脱离稳定状态，价格也将无限上升。在正常心理状态下，就业量的增加不会排挤消费，除非发生像战争时期提倡个人节制消费导致消费倾向发生变化的特例情况。也只有在这种情况下，投资品行业就业量的增加才会伴随着消费品行业就业量的减少。

下面我们将把那些对读者来说已经是显而易见的东西，再用简单的语句进行一下总结。以工资单位计量的投资不可能增加，除非公众意愿增加他们的储蓄。而通常来说，公众的储蓄不会增加，除非以工资单位计量的总收入有所增加。因此，公众消费其一部分收入增量的努力会刺激总产出到一个更高水平，直到收入（和所分配）的新水平

① 以下涉及的数量均是以工资单位计量的。

所提供的储蓄增量足以满足投资增量的需求。投资乘数可以告诉我们，就业量需要增加多少才能使实际收入增加到足以诱使公众进行必要的额外储蓄，所以乘数是公众心理倾向的函数①。打个比方，如果储蓄是大葱，消费是煎饼，那么额外大葱的数量必须和额外煎饼的数量相匹配。除非公众的心理倾向和我们所设想的不同，我们可以建立一条法则：投资品行业增加的就业量必然会刺激消费品行业的生产，从而导致总就业量的增加，而且该增量将数倍于投资品行业本身提供的就业量。

综上所述，如果边际消费倾向的数值趋近于1，则投资量的微小变动就会引起就业量的巨大变动。因此，稍许增加投资量便可以达到充分就业。相反，如果边际消费倾向的数值趋近于0，则投资量的微小变动便不会对就业量产生太大的影响。但与此同时，要想达到充分就业，投资量就必须大幅增加。在前一种情形中，非自愿失业很容易解决，虽然任其发展可能会造成一些麻烦。在后一种情形中，就业量的变动会很小，而且可能会持续处于一个很低的水平，所以除非“用猛药治疗”，否则问题将非常棘手。但在现实中，边际消费倾向似乎处于1和0之间，而且更接近于1而不是0。因此，从某种意义上讲，现实情况兼有两种极端情况的不好之处：就业量极易波动而且要想达到充分就业，投资量必须大幅增加，甚至大到难以实现。不幸的是，由于我们根本不知道如何应对，所以经济体系有病症，而就业量的波动掩盖了经济病症的严重性。

当经济达到充分就业状态以后，不论边际消费倾向如何，任何增加投资的企图都不会引起产出的增加而只会造成价格的无限上升，也

① 更一般的情况是，乘数也分别是投资品和消费品生产的函数。

就是说，经济达到了真正的通货膨胀状态①。然而，在此之前，实际总收入会伴随物价的上升而缓慢上升。

第三节

到目前为止，我们讨论的是投资的净增量。若要把上面的内容无条件地应用于（例如）增加公共投资方面的影响，我们必须假设：第一，不存在其他方面的具有抵消作用的投资量的减少；第二，社会消费倾向没有发生变化。我们在上文中引用卡恩先生文章的目的，在于确定影响投资的主要因素有哪些以及如何数量化。但在现实生活中，除已知的引致投资增加的因素以外，还可能存在影响最终结果的其他因素。所以，在假设政府为投资公共工程而增雇了 10 万名工人以及投资乘数为 4 的情况下，就想当然地认为总就业量会增加 40 万人是不妥的，因为新的投资政策可能会对其他方面的投资产生不利的影响。

卡恩先生认为，在现代社会中，以下因素最为重要而且不容忽视（在阅读本书第三编之前，前两个因素可能不好理解）：

（1）除非货币管理当局采取措施加以矫正，否则政府为增加公共投资而增发国债以及增加周转资金的行为必会导致物价上涨，进而导致利率上涨，从而阻挠其他方面的投资。同时，投资成本的增加会减少私人投资者的资本的边际效率，要想抵消这个因素，利率必须低于政府增加公共投资前的利率。

（2）由于社会心理变化莫测，政府增加公共投资的行为可能会影

① 参见本书第十七章，第 203—206 页。

响公众的“信心”，导致公众流动性偏好的增强或资本边际效率的减少。对此，如果不采取措施予以抵消，它们也会妨碍其他方面的投资。

（3）在一个开放经济体系中，受国际贸易的影响，投资的乘数效应会提高外国的就业量，因为一国的贸易顺差会因本国人增加对外国产品的消费而减少。所以，如果我们只讨论本国的而不是整个世界的就业量受到的影响，我们必须降低投资乘数的值。而另一方面，外国投资的乘数效应也会通过国际贸易对我国产生有利影响。

进而言之，如果我们考虑的是投资量发生大幅变动的情况，则我们就必须考虑边际消费倾向发生变化的问题，因为这会对投资乘数产生影响。而且，我们没有理由认为别管就业量如何边际消费倾向都会保持不变。相反，随着就业量的增加，边际消费倾向一般会趋于减少，即社会愿意逐渐减少实际收入中用于消费的比例。

除了上面的一般原则，经济中还存在其他可以改变边际消费倾向，进而改变投资乘数的因素。一般而言，这些其他因素会加强而不是抵消上述一般原则的作用。原因有两点：第一，受短期内边际报酬递减规律的作用，就业量的增加有扩大企业家在总收入分配中所占比例的趋势，而这部分人的边际消费倾向很可能小于整个社会的平均消费倾向；第二，在某些私人或公共部门中，失业很可能会导致负储蓄现象，因为失业者会依靠自己的储蓄或者亲人的储蓄或者部分来源于借贷的救济金来维持生活。当失业者重新工作时，这些负储蓄行为就会减少，进而边际消费倾向也会减少。相比而言，在没有上述失业者再就业的情况下，即使国民收入增加的数量相同，边际消费倾向减少的速度也会变得较为缓慢。

通常情况下，当投资的净增量小时，其乘数值会大一些；当投资的净增量大时，其乘数值会小一些。因此，当我们考虑实际应用时，我们有必要把在平均消费倾向的基础上计算出的投资乘数的平均值作为确定乘数时的参考。

卡恩先生曾研究过，在特定条件下种种因素可能对投资乘数的取值造成影响。但是，很显然，研究很难得出一般性的结论。例如，在一个典型的现代社会，公众可能倾向于将实际收入增量的80%左右用于消费。但如果这是一个封闭的经济体系，失业者得到的救济来源于向其他消费者征收的款项，则在各种因素相互抵消之后，投资乘数大概有5左右的水平。然而，若国际贸易量占据了本国消费的（比如说）20%，而且失业者通过借贷或类似方式得到的救济金占了其正常工作时消费量的（比如说）50%，那么，投资乘数的取值就可能降到2或3的水平。这样，同样比例的投资变动对一个国际贸易占很大比重，而且失业者救济又主要依靠借贷的国家来说（如1931年的英国），投资引致就业数量倍增的效应会相对较小。相反，对一个上述两个因素都很小的国家来说（如1932年的美国[①]），投资引致就业量倍增的效应会相对较大。

但不管怎样，投资乘数的提出还是为下面的现象提供了解释，即为什么占国民收入比重相对较小的投资的变动会造成总就业量和总收入的较大变动。

第四节

以上讨论是建立在一个假设条件之上的，即总投资的变动在时间足够长的事前已被预料到，所以消费品行业和资本品行业同时增

---

① 参见下文第55—56页，对美国进行的预测。

加产量，消费品价格的变动只受伴随增产时的边际报酬递减规律的影响。

然而，一般来说，我们还必须注意到资本品行业产量增加出乎人们预期的情况。显然，在这种情况下，投资变动的乘数效应只能在一段时间以后才能全部发挥出来。然而，我发现，在讨论这一显然存在的事实时，往往会引起理论和实际的混乱：一方面，乘数理论本身是合乎逻辑的，其在任何连续的时间点上均能成立，而且不存在时滞；另一方面，投资乘数效应的发挥具有时滞，即只有在经历一段时间以后才能逐渐在投资品行业中发挥出来。

为了修正理论和实际相脱节的问题，我们有必要提出以下几点：第一，未被预料到的和未被完全预料到的资本品行业的扩张并不会对投资总量立即产生影响，相反，投资总量会逐渐增加；第二，边际消费倾向会暂时偏离其正常值，然后又逐渐回归正常值。

与人们预料到资本品行业的扩张以及总投资稳定于一个新的水平的情况不同，未被完全预料到的资本品行业的扩张，在一段期间内，会造成一系列总投资增量以及一系列边际消费倾向的数值。但在该期间的任何一个时点，乘数理论均成立，即总需求增量等于总投资增量与投资乘数的乘积，而投资乘数的取值取决于边际消费倾向的变化。

为了充分讨论未被完全预料到的资本品行业的扩张情况，我们可以讨论一种极端情形：资本品行业就业的扩张完全出乎人们的预料，以致一开始，消费品行业的产量没有任何增加。在这种情况下，资本品行业中刚刚参加工作的劳动者愿意消费掉其一部分收入的行为会抬升消费品的价格水平，直到需求和供给达到暂时的均衡状态。而以下因素可以促使这种暂时均衡状态的出现：1. 较高的物价会促使人们推迟一部分消费；2. 较高的价格所带来的利润的增加会促使储蓄倾向高的人群增加储蓄；3. 受高价格驱使，企业会动用一部分库存产品（对消费者而言，库存的减少对应的是产品供给的增加——译者注）。在上述因素的作用下，消费者会推迟消费，边际消费倾向的数值会下降，从而投资乘数本身的数值也会下降。而随着库存产品数量的减少，总投资的增加会暂时小于投资品行业投资的增加（对企业家而言，库存是投资的一种形式，库存的减少对应的是投资总量的减少——译者注），即在计算投资乘数时，被乘数值的增量会小于投资品行业的投资增量。然而，随着时间的流逝，消费品行业会根据新增需求进行自我调整。所以，当被推迟的消费得以实现时，边际消费倾向会暂时高于正常水平，以补偿其低于正常水平的情况，两项相抵，边际消费倾向最终又会回到正常水平。同理，随着存货恢复到原有的水平，总投资的增量会暂时大于资本品行业投资的增量（当周转资金随产量的增加而增量时，暂时也会具有相同的效果）。

出乎预料的改变只有在一段时间以后才能全部发挥其对就业量的影响，这一事实在某些情形中是很重要的——特别是在分析经济周期问题时（如我在《货币论》中遵循的思路那样）。但这一事实并不影响乘数理论的重要性。乘数理论完全可以用来预计资本品行业的扩张对就业总量的促进效果。除非消费品行业几乎已经达到其生产能力的极限，即要想增加产量，靠集约化的生产是达不到的，只能依靠添加新的厂房设备——而除此之外，我们有理由相信，短期内消费品行业的就业量会和投资品行业的就业量同时增加，而乘数也几乎会按照预计的那样发挥作用。

第五节

通过上文的分析，我们得知：边际消费倾向越大，投资乘数就越大，定量的投资变动引致的就业量的变动就越大。由此，可能得出一个荒谬的结论：贫穷的社会，由于边际消费倾向高，储蓄比例低，投资乘数大，所以就业量变动较大，经济更易出现波动；而富裕的社会，由于边际消费倾向低，储蓄比例高，投资乘数小，所以经济波动较小。

得出该荒谬结论的原因是：它忽视了边际消费倾向的影响和平均消费倾向的影响之间的差别。因为，给定投资的变动比例，虽然较高的边际消费倾向会对经济造成较大的相对影响，然而，如果平均消费倾向也很高的话，则它对经济的绝对影响还是较小的。这可以用下面的例子加以说明：

我们假设一个社会的消费倾向是这样的：只要该社会的实际收入不超过在现有资本设备条件下雇佣500万人所得到的产量，则该社会以其全部收入用于消费；以后增雇第一个10万人时，它会将产出增量的99%用于消费；增雇第二个10万人时，它会将产出增量的98%用于消费；增雇第三个10万人时，它会将产出增量的97%用于消费；以此类推。同时，假设就业总量达到1000万人时代表充分就业。根据这些假设条件，当5，000，000 + $n \times$ 100，000人被雇佣时，可以推导出：此时的投资乘数为$\frac{100}{n}$，而投资占国民收入的比重为$\frac{n\ (n+1)}{2\cdot\ (50+n)}$。

因此，当总就业量为5，200，000人时，虽然投资乘数的数值很大，等于50，但投资占当期收入的比例却很小，仅为0.06%。因此，当投资下降一个很大的比例，例如2/3时，总就业量将减至5，100，000人，下降比例约为2%。换一种情况，当总就业量为9，000，000人时，投资乘数的取值就相对较小，等于$2\frac{1}{2}$，但投资占当期收入的比例却很大，等于9%；此时如果投资下降2/3，则就业量将下降到6，900，000人，下降比例约为19%。再考虑一种更极端的情况，当投资下降到0时，就业量在前一种情况下，就业量将下降约4%；在后一种情形下，就业量将下降约44%①。

在上面的例子中，相对贫穷的社会之所以比较贫穷，是由于就业不足。但是，如果贫穷是由于技术、工艺落后或设备陈旧导致的，则相关论证只需略加修改就可以证明。由此可见，虽然贫穷社会的投资乘数较大，投资的变动对就业量的影响相对较大，但由于贫穷社会中的投资不像富裕社会那样在当期产出中占有很大的比重，所以投资的变动对就业的影响最终还是很小②。

通过上面的讨论，很容易得到下面的结论：相比经济趋于充分就业状态而言，在失业问题严重时，政府增加公共投资对总就业量的刺

① 以上所谓的投资量，是用资本品行业就业量衡量的。如果考虑到伴随就业量增加时的边际报酬递减规律的作用，那么，用就业量衡量的投资增加了一倍，如果改用实物衡量（可行的话），投资将增加不到一倍。

② 一般认为，总需求变动和投资变动之间的比值可以表述为

$$\frac{\Delta Y}{Y}\Big/\frac{\Delta I}{I}=\frac{\Delta Y}{Y}\cdot\frac{Y-C}{\Delta Y-\Delta C}=\frac{1-\dfrac{C}{Y}}{1-\dfrac{dC}{dY}}$$

随着财富的增加，边际消费倾向$\frac{dC}{dY}$会减小，但$\frac{\mathrm{C}}{\mathrm{Y}}$也会减小。既然分子分母都减小，所以它们的比值既可能变大也可能变小。

激效果会更好。在上面的例子中，当总就业量降至5，200，000人时，增雇100，000人用于公共投资项目，则总就业量将上升至6，400，000人。但若在总就业量为9，000，000人时，增雇同样的100，000人用于公共投资项目，则总就业量只能上升至9，200，000人。因此，即使政府进行公共投资的价值值得怀疑，但只要我们能够假定，失业问题严重，储蓄在收入中的比例很低，则仅从节约救济资金这个点考虑，这些政府举办的公共投资也值得一次又一次进行的。但是，在接近充分就业状态时，这些项目的举办价值就会成为值得争论的问题。此外，如果我们所假设的“边际消费倾向随着就业量的增加而递减”的条件成立，则要想通过持续增加投资的方法使就业增加一特定量，其困难会越来越大。

如果总收入和总投资的统计数字齐全，绘制一张在经济周期不同阶段的边际消费倾向分布图，应该不是一件困难的事情。但目前，我们现有的统计数据是不精确的（或者收集数据时，并未考虑这一统计需要），所以我们只能进行粗略的估算。据我所知，库兹涅茨先生收集的美国统计数字（上文已做引用）是这方面做得最好的，尽管这些数字也很不精确。库兹涅茨从这些国民收入的估计数字中得到的投资乘数比我估计的要低一些，也更稳定一些。如果单独研究每个年份，其结果非常不合理而且变动极大。但若把每年的数据编组研究，估算出的投资乘数数值似乎小于3，而且通常会稳定在2.5左右。进而可以推导出，边际消费倾向似乎不会超过60%至70%——这个数字在繁荣时期还说得过去，但按照我的判断，在萧条时期，这个数字有点太低。但考虑到，美国公司即便在萧条时期也采取稳健财务政策的做法，这种情况似乎也可能出现。换言之，在没有对资本设备进行维修和更新而导致投资大幅度下降的情况下，如果继续提取用于维修和更新设备的储备基金，则边际消费倾向很可能会受到打压而变得很低。我想，这很可能也是美国经济的萧条程度加重的重要原因。另一方面，统计数据也有夸大投资下降幅度之嫌。统计表明，1932 年的投资量比 1929 年下降了 75% 以上，而“净资本形成”的下降幅度则超过了 95%。要知道，只要对这些估计数字稍加改变，投资乘数的取值就会大不一样。

第六节

如果经济中存在非自愿失业，那么劳动的边际负效用必然小于劳动的边际产品。前者甚至会大大小于后者。对于一个长期失业者来说，进行一定量的劳动不但不会引起负效用，反而会有正效用。如果这种说法成立，则举债支出[1]虽然显得“浪费”，但却可以增加社会的财富。所以，如果政治家们由于受古典经济学理论的影响太深而想不出更好的办法，则建造金字塔、地震甚至战争都可以用来增加社会财富。

有件事情很奇怪：为了摆脱古典经济学的荒谬结论，公众倾向于将举债支出的方式运用到**完全**浪费的地方而不是**部分**浪费的地方。例如，将举债筹措的资金用于失业救济，人们容易接受；将举债筹措的资金用于设备改良，人们就不容易接受。同样，在地面挖洞开采金矿的行为，非但不能增加社会的实际财富反而会引起劳动的负效用，但

① 此处的“举债支出”包括政府通过举债方式进行的公共投资，以及其他用举债方式维持的公共支出。严格来讲，后者应作为“负储蓄”，但公共储蓄与私人储蓄的心理动机是不同的。因此，“举债支出”是一个很好用的概念，它包括政府当局在一切项目上的借款净额，不论借款是用于公共投资，还是用于弥补财政赤字。“举债支出”的一种形式是增加投资，另一种形式是增加消费倾向。

它却是人们最易接受的。为什么会这样？原因可能在于，部分浪费不是完全浪费，所以，它能否被人们接受是按照严格的“企业经营”的原则加以判别的。

试想，如果财政部将瓶子塞满钞票，再把瓶子放到废弃的矿井中，然后用城市垃圾把矿井填平，并且允许私人企业可以不受限制地把钞票挖出来（当然，要通过竞标的方式取得在该地区域开采的经营权），则失业问题也会迎刃而解，而且在一系列连锁反应之后，社会的实际收入和资本财富很可能要比现在大很多。当然，建造房屋或类似的活动可能更有意义，但如果操作起来在政治上或实际上有困难的话，则采取上面提及的“挖钱”的办法总比没有办法强。

这个办法和现实世界中的开采金矿行为很像。在金矿深度适宜开采的时期，经验表明，世界的财富会急剧增加；当适宜开采的金矿变少时，我们的财富数量就维持不变或下降。所以，金矿对于人类文明非常有价值而且非常重要。正如战争被政治家们认为是值得为之大规模举债的唯一形式一样，开采金矿也被银行家们当作在地面挖洞的唯一借口，而且它本身合乎稳健财务政策的原则。因此，战争和开采金矿对人类进步都发挥了重要作用——因为没有更好的办法。在这里，我要讲一个枝节问题：在经济萧条时期，以劳动力和实物衡量的黄金的价格会趋于上升，这种趋势将有助于经济复苏，因为黄金价格的上升增加了值得开采的金矿的深度并且降低了值得开采的金矿的级别。

如果没有其他的方式可以促进就业增加社会财富，那么开采金矿就是一个非常切实的投资形式。原因除了黄金的供给增加可能对利率造成影响外，还有两点：第一，开采金矿具有赌博性质，所以投资者不太考虑当期利率水平；第二，开采金矿不存在随开采数量的增加而边际效用递减的情况。因为，一栋房屋的价值取决于它的效用，而随着房屋建造数量的增加，预期的租金收益会下降，除非利率以相同的比例下降，否则人们将失去新建房屋的积极性。而开采金矿就没有这种弊端，因为只有当以黄金计量的工资单位上升时，采金行为才会受到抑制，但这种情况只有当就业状况很好时才会出现。而且，黄金和其他非耐用品不同，它不会受到使用者成本和补充成本的影响。

在这方面，古埃及具有双重幸运，因为它同时进行了建造金字塔和勘探贵金属**两种**活动。又由于金字塔和贵金属不能被人们消费掉，所以对埃及人来说这两种东西可谓多多益善。中世纪建造教堂和作弥散也是一样。对于死者而言，两座金字塔、两次弥撒带来的好处要两倍于一座金字塔和一次弥散。但在伦敦和约克（York，英格兰北部一自治市——译者注）之间修建两条铁路则不适用。我们现在很有理智，自己俨然被训练成了一个个谨慎的经济学家，甚至在为后代建造房屋时，都会想到这样做会不会给后代增加“财务”负担。所以，我们就没有像埃及人和中世纪的人那样幸运了。我们不得不承受失业的痛苦，把它当作私人致富之道应用于国家事务上时不可避免的后果。

第三编

投资诱导

第七章　资本的边际效率

第一节

个人进行投资或购买资本资产的目的，是为了得到一种获取未来收益的权利。而未来收益来源于预期的产品的销售价款，而且还应该减去为生产这些产品而支出的营业费用。假定该资产的使用期限为 n 年，每年的预期收入用 Q_1，$Q_2\cdots\cdots Q_n$ 表示，则我们称这一系列的年收入为该项投资或资产的预期收益。

与投资的预期收益相对应的是资产的供给价格。所谓供给价格，并不是指相关资产的市场购买价格，而是恰好足以诱导制造商生产出另一件相同的资产的代价，即所谓的资产的重置成本（replacement cost）。通过研究资产的预期收益和它的供给价格或重置成本之间的关系，或投资的成本和收益之间的关系，我们可以得出一个“资本的边际效率”的概念。更确切地说，我将资本的边际效率定义为一种贴现率，即能使资产在其寿命期间所实现的预期收益的现值恰等于该资产的供给价格的贴现率。运用这种方法，可以得到各种资本的边际效率，而其中的最大值，可以视为一般资本的边际效率。

读者应该注意，这里提到的资本的边际效率是用资产的预期收益和资产的当期供给价格下的定义。它取决于当我们进行新投资时可以得到的预期回报率，而与当该资产报废时我们总结过去而得到的该资产的真实回报率无关。

不管何种资本资产，不论何时投资，随着某类资产投资量的增加，其资本的边际效率必然下降。原因有两个：第一，随着某种资产的供给量的增加，其预期收益会下降；第二，某种资产的增加会使制造该种资产的设备承受压力，从而导致其供给价格提高。生产之所以能够达到均衡状态，短期内，第二种因素起着重要作用；而长期内，第一种因素起的作用会越来越大。由此，对每一种资产，我们均可画出一张表格，来表示一定时期内投资必须增大到何种水平才能使资本的边际效率降至给定的数值。然后，我们可以把各种资产的上述表格进行汇总，就能得到一张汇总表，该表描述的是总投资量与总体的资本的边际效率之间的关系。我们将该汇总表称为“投资需求表”或“资本的边际效率表”。

很显然，实际的投资量会被诱导至一点，在该点，任何种类的资产的边际效率都将等于当期利率。换言之，投资量一定会达到投资需求表上的一点，在该点，总体的资本的边际效率等于当期市场利率[①]。

上述讨论可以换一种表述方式。设 Q_r 为资产在时刻 r 时的未来收益，d_r 为时刻 r 时 1 英镑以当期利率折合成当期价值的比率，则 $\Sigma Q_r d_r$ 为投资的需求价格。现实中的投资将达到一点，在该点，$\Sigma Q_r d_r$ 将等于我们上文定义的投资的供给价格。另一方面，如果

① 为了论述简化，我将忽略下面这一点：我们应该研究的是一系列的利率和贴现率，因为利率和贴现率随资产的使用期限的不同而不同。但忽略此点并不会影响论证的实质，而且我们也很容易做到完善这方面的不足。

$\Sigma Q_r d_r$低于供给价格，那么由于没有任何收益，所以投资量将等于零。

因此，投资诱导的大小将部分取决于资本的边际效率的大小，部分取决于利率水平的高低（投资诱导与资本的边际效率正相关，与利率水平反相关——译者注）。而决定投资量的因素是多种多样的，也是复杂的，只有在本编结束时才可能对投资理论有一个全面的认识。但我要求读者朋友现在就注意一点，而且要时刻谨记：仅知道一项资产的预期收益以及该项资产的资本的边际效率，尚不足以使我们推算出利率以及该资产的现值。因为，利率是由其他一些因素决定的，而且只有当利率确定以后，我们才能对相关资产的预期收益进行折现。

第二节

上面给出的“资本的边际效率”的定义和我们平常使用的类似说法有何关联呢？现实生活中有很多为我们所熟悉的术语，如资本的边际生产力、边际收益、边际效率、边际效用等等。但是，要想在经济学文献中找到经济学家们在使用这些术语时所试图表达的确切意思并不容易。

要想处理该问题，我认为，至少有三个差别需要搞清楚：第一，实物量和价值量的差别。我们关心的究竟是单位时间内由于增加一物质单位的资本所引起的未来产品实物量的增加，还是单位时间内由于增加一价值单位的资本所引起的未来产品价值量的增加呢？如果前者是我们关心的，那么拿什么来充当物质单位呢？我认为，这个问题是无法解决的，而且也没有解决的必要。当然，我们可以说，如果10名工人能在同一块土地上使用更多的机器，则他们可以生产出更多的小麦。但是，要想把这些实物产出转化为更好理解的数字，我们只能引入价值单位的概念。但很多关于这方面的讨论，从某种意义上讲，人们主要关心的似乎还是资本的物质生产率，但至于什么是资本的物质生产率，人们又总是说不清楚。

第二，绝对量与比率的差别。我们所谓的资本的边际效率是一个绝对量还是一个比率呢？从经济文献中看，它似乎应该是一个比率，因为人们通常拿它和利率做比较。然而，该比率的分子分母各是什么，通常并不清楚。

第三，数与数列的差别。我们对于资本的边际效率的误解以及在理解上的混乱，往往是对两个概念的混淆造成的。一个概念是：在现有情形下，增加一单位资本所能得到的价值增量。另一个概念是：在新增资产的整个使用期间内，预期能得到的一系列价值增量。所以，讨论的问题可以转化为我们上面提到的 Q_1 与数列 Q_1，$Q_2 \cdots Q_n$ 之间的差别。这涉及“预期”在整个经济理论体系中的地位问题。人们对资本的边际效率的大部分讨论，似乎只关心 Q_1，其他的一概不管。而这种做法只适用于静态理论分析，因为这种分析下的 Q 的取值都相等。传统的分配论认为：资本在目前得到的报酬等于其边际生产率（不论边际生产率的含义是什么）。所以，这一说法也只适用于静态理论分析。资本的当期收益总和与其边际效率并无直接关系。而在生产边际上，资本的当期收益（即产品的供给价格所包含的资本报酬）等于其边际使用者成本，而边际使用者成本与资本的边际效率并无多大关系。

尽管如我上文所述，经济学家们在使用一些术语时总是无法表达出自己的确切意思。但我相信，我给出的“资本的边际效用”的定义应该相当接近马歇尔使用该术语时的意思。马歇尔本人有时使用资本的“边际净效率”一词，有时则使用“资本的边际效用”一词。为了表述他的观点，下面我将引用他在《经济学原理》（第六版，第519—520页）一书中的一些话，这些话是我从该书不同部分摘录下来的，为的就是能更好地表达其本人的意思：

假设某家工厂增添了价值100英镑的新设备，而其他支出保持不变。在扣除设备本身的折旧和损耗之后，该厂每年净产出会增加3英镑。假设投资者会在利润的驱使下作出“把资本优先投到收益丰厚的行业”的决策，而且实际投资行为在这种决策的指导下达到均衡状态的话，则我们可以据此推测出年利率为3%。但这种例证，不过是决定价值的部分重要因素而已。如果将此假设应用于利息理论和工资理论，必定会犯循环推理的错误……倘若成熟的证券市场的年利率为3%，而制帽业吸收了100万英镑的资本，那么，这意味着制帽业肯定能够为投资者带来足够的净利润，以至于他们宁愿为其支付3%的利息，否则投资者将会放弃该项投资。如果年利率为20%，该行业仍然可能会使用某些设备；如果年利率为10%，将会有更多的设备被使用；如果年利率为6%，投入的设备数量会更多；如果年利率为4%，该数量会进一步增加。最后，当年利率变成3%时，该行业使用的设备数量将增至最大。最后投入使用的设备的边际效用——即仅仅值得使用该设备时的效用——为3%。

上面的引文显然表明，马歇尔已经很好地意识到一点：如果我们试图通过资本的边际效率来决定实际利率的水平，我们会陷入循环推理之中①。从这段引文可以看出，他似乎接受了我们提出的观点：当资本的边际效率表不变时，利率水平将决定新增投资量的水平。这意

① 马歇尔认为：工资决定于边际生产率，同样也是循环推理。难道他没有错吗？

味着：如果利率为3%，则没人愿意花费100英镑购买设备进行投资，除非在扣除成本和折旧之后，该项投资能给他带来至少3%的净利润。但在后面的第十章中，我们将看到马歇尔论述不谨慎的一面——尽管当自己的论述即将错误时，他总是能适可而止。

虽然欧文·费雪（Irving Fisher）教授从未使用过“资本的边际效率”一词，但其在《利率理论》（*Theory of Interest*）（1930年）一书中提出的“超过成本的回报率”（rate of return over cost）一词与我要表达的意思是一样的。他在书中这样写道①：“超过成本的回报率其实就是一个比率，如果按照此比率计算成本和收益的现值，这两个现值就会相等。”费雪教授的解释是：任何途径的投资都将取决于超过成本的回报率和利率二者之间的比较。要想诱导新的投资，“超过成本的回报率必须大于利率”②。“这个新因素，在利息理论中有关投资机会方面的研究，起着非常重要的作用”③。据此可以推知：费雪教授提出的“超过成本的回报率”一词和我使用的“资本的边际效率”一词，在意义和使用目的上都是相同的。

第三节

人们对资本的边际效率的意义和重要性存在一个最大的误解，即认为资本的边际效率仅仅取决于资本的当期收益，而忽视了预期在其中的作用。要想说明这一点，最好的办法就是指出成本的预期变化对资本的边际效率会造成什么影响，而不论造成这种预期变化的原因是

① 参见欧文·费雪的《利息理论》，第168页。
② 参见欧文·费雪的《利息理论》，第159页。
③ 参见欧文·费雪的《利息理论》，第155页。

劳动成本，即工资单位的提高，还是新发明和新技术的应用。在设备的使用期限内，当期设备的产出会和新增设备的产出相竞争，而考虑到以后的劳动成本会更低，而且相关技术水平会更高，因此，新增设备不仅会增加产品的数量，而且还会容许产品价格下降到可以承受的较低水平。进而，企业家通过新旧投资而获得的利润（用货币来计量）将会减少。先不说投资者真的可以预见到这些，事实上，他们哪怕有这种想法都足以降低当期的资本的边际效率。

同样的道理，人们预期的货币购买力的改变也将足以影响当期产量的大小。如果人们预期货币购买力会下降，则会刺激投资，进而会刺激就业，因为这一预期可以提高特定投资量下的资本的边际效率，也就是说，投资的需求会增加。而相反，如果人们预期货币购买力会上升，则会抑制投资，因为它降低了特定投资量下的资本的边际效率。

以上即为被欧文·费雪教授最初称为“增值与利息理论”背后的真谛所在——利率可以分为货币利率和实际利率两种，而后者加上货币的通货膨胀率将约等于前者。但上述理论的实用性很差，因为它并未明确指出货币购买力的改变，是被假设为在人们预料之中还是预料之外。但不管被假设为哪一种，都存在一个难点：如果人们无法预料到货币购买力的改变，则它对当期物品不会产生影响；如果人们可以预料到它的改变，则当期物品的价格会作出即期调整，最终达到持有货币和持有物品的收益相等的状态。因此，借款期内的利率没有必要作出改变以弥补由于货币购买力的改变而给贷款人带来的利益或损失。对此，庇古教授选择了一个权宜之计，即一部分人可以预料到货币购买力的改变，而另一部分人无法预料到这种改变，但这种做法显然也无法规避上述的难点。

这里的错误在于：假定币值的预期变化将直接影响利率，而不是既定资本存量的边际效率。当期资产的价格，总是会随人们对币值的预期变化而作出即期调整。这种预期变化的重要性在于：它将对资本的边际效率产生影响，进而会影响新增资本生产的积极性。人们对物价上涨的预期会刺激投资，原因不是它会提高利率（这种刺激产量的说法是自相矛盾的——因为利率的上升本身会削弱这种刺激作用），而是它会提高既定资本存量的边际效率。如果人们预期利率会伴随着资本的边际效率的提高相应提高，则上述的刺激作用将不会显现。原因在于：只有当资本的边际效率相对于利率提高时，其对产出的刺激作用才会发生。因此，费雪教授的理论最好用“实际利率”的概念重写一遍。原因是：人们对于币值变化的预期只会影响货币利率水平，而不会对实际利率水平产生直接影响。所以，不管人们能否预料到币值的变化，都不会对当期产量产生任何影响①。

有一点需要注意：如果人们预期未来利率会降低，则既定投资下的资本的边际效率也会下降。原因在于：这种预期意味着当期机器设备的产出在自己的部分使用期间内不得不和以后的机器设备的产出相竞争，而后者更乐于接受较低水平的回报率。尽管这种预期不会对当期投资产生很强的抑制作用，因为对不同期限的未来利率的部分预期已经在当期利率之中有所反映。但这种预期仍会对当期投资产生些许的不利影响，因为随着当期机器设备趋于报废，其产出和新增的机器设备的产出之间的竞争会越来越激烈，因为受未来利率水平较低的影响，未来的投资更乐于接受较低水平的回报率。

重要的是要理解：既定投资下的资本的边际效率受预期的改变的

① 参见罗伯逊（Robertson）先生的《工业波动与自然利率》（*Industrial Fluctuations and the Natural Rate of Interest*），《经济学杂志》，1934 年 12 月。

影响。而正是受这一影响，资本的边际效率才具有相当剧烈的波动，而这种剧烈波动可以解释经济周期现象。在本书的第二十二章（指原版第六编中的“经济周期”一章，但该部分略而不译——译者注），我们将运用资本的边际效率相对于利率的波动来描述和分析为什么经济繁荣和经济萧条会发生周期性的变动。

第四节

有两类风险会影响投资的数量，尽管通常不对它们加以区分，但进行这样的分类还是很有必要的。第一类风险，可以称之为企业家或借款人的风险，它来自企业家或借款人对自己期望的未来收益的可获得性持有的怀疑态度。如果一个人拿自有资金进行风险投资，则这是他唯一需要考虑的风险。

第二类风险，可以称之为贷款人风险，它来自于现有借贷制度下，借款人必须对所借款项提供一定量的动产或不动产担保。可以引发贷款人风险的因素有：1. 道德风险。借款人有意不履行债务或运用合法手段逃避债务。2. 担保不足。贷款人对风险估计不足而导致借款人担保品不足以抵偿相关债务的风险，此时借款人并非有意不履行债务。3. 货币贬值。对贷款人来说，货币贬值一方面会减少贷出资金的收益，另一方面会使得贷出货币不如持有不动产安全。而这类风险，已经全部或大部分反映在了耐用不动产的价格之中。

某种意义上讲，第一类风险实际上是一种社会成本，这类成本可以通过平均化或提高预期的准确性加以规避；而第二类风险是对投资成本的一个纯粹增加额，尽管当借款双方为同一个人时，这种增加额将不存在。但有一点必须注意，即有些风险会被不同的企业家重复计算，因此在预期可以接受的最低的未来收益以及决定是否投资时，这部分贷款人风险会在纯利率之上被计算两次。原因在于：如果一个投资项目具有较大的风险，则借款人必然会要求预期收益率和他认为值得为之支付的利率之间有一个足够大的差额，只有这样借入资金进行投资才是有利可图的。同样的道理，贷款人也会要求自己期望的利率和纯利率之间具有较大的差额，只有这样贷出资金才是有吸引力的（除非借款人的经济实力非常雄厚或富有程度大到使他能够提供更多的担保）。借款人总是希望自己的投资能有一个很好的回报，这种希望也许可以消除借款人的风险，但对消除贷款人的风险却起不到多大作用。

据我所知，关于部分风险可能被重复计算这一问题，其他人从未强调过。但在某些情况下，指出这一点是非常重要的。在经济繁荣时期，人们容易表现出异常的乐观情绪，从而也容易过分低估借款人和贷款人的风险，进而作出轻率的投资决策。

第五节

在预期对当期投资行为的影响中，相比利率而言，资本的边际效率起着更为基本、更为重要的作用。人们对资本的边际效率存在误解——认为资本的边际效率仅仅取决于资本的当期收益，预期收益的取值将保持不变，而这种误解只适用于静态理论分析——将割裂今天和明天在理论上的联系。而事实上[①]，利率主要反映的还是当期的经济运行状况，如果我们用同样的角度看待资本的边际效率的话（即忽略

① 并非完全如此，因为利率水平的高低确实也受将来的不确定性的影响。再者，不同期限对应于不同的利率本身就是人们预期的结果。

预期在其中的作用——译者注），则我们也将完全割裂对当期经济均衡的分析同未来之间的联系。

现实情况是，现有经济理论往往以静态理论分析作为前提，所以这也注定了这些经济理论在很大程度上缺乏实用性。但我认为，使用者成本和资本的边际效率这两个概念的引入将起到一箭双雕的效果，一方面经济理论回归了现实，另一方面又把经济理论需要修改的程度降到了最低。

而正是耐用资本品的存在，才使得经济上的未来和现在联系在了一起。因此，人们对于未来的预期会通过耐用资本品的需求价格对现在产生影响。这种说法，符合我们一贯的分析思路。

第八章　投资中的长期预期

第一节

通过上一章的学习，我们知道决定投资规模的因素有两个：利率和资本的边际效率，而后者同当期投资的数量一一对应，并取决于资本资产的供给价格和它的预期收益之间的关系。而本章，我们将对决定一项资本资产的预期收益的因素进行更为深入的探讨。

对未来收益的推测，部分地取决于现有的事实，部分地取决于将来的事实，前者基本可以被认为是确定的，而后者只能以或多或少的信心加以预测。现有的事实中包括：现有的各种类型的资本资产的存量、现有资本资产的总量、现有的消费者对产品的需求程度以及有效率地生产这些产品所需的相对较多的资本。将来的事实包括：资本资产的种类和数量在未来的变动、消费者偏好的改变、既定投资期间内有效需求的强度的改变以及以货币表示的工资单位的改变。我们可以把对将来的事实的心理预期统称为长期预期，而与之相对应的是短期预期，即企业家可用现有的机器设备进行生产，当产品生产出来时作出的可以得到多少收益的预期。短期预期在本书第五章（指原版第二编中的“决定产出与就业的预期”一章，但该部分略而不译——译者注）已经研究过了。

第二节

在预期的核算过程中，如果给极不确定[①]的因素赋予很大的权重，那将是很不明智的。合理的做法是，在预期中给很可能发生的事实赋予较大的权重，即使这些事实与我们讨论的问题关系不大，同其他事实相比我们也并不感到更为清楚。我们通常的做法是：以现有的事实为依据，然后再将其推广到未来，除非有或多或少的证据表明我们有必要对预期做出修改，否则我们将假定未来和现在的情况相同。考虑到这一点，从某种意义上讲，我们有可能高估了现有的事实对于长期预期的影响，这与其重要性很不成比例。

作为决策基础的长期预期状态，并非仅仅取决于我们作出的最有可能的预期，还取决于我们作出相关预期时的信心，即我们认为的“预期同现实吻合”的程度。如果我们预期会有大的变化，而又没有把握预测到这些变化会以何种形式表现出来，则在我们作出此类预期时的信心会很弱。

我们所谓的信心状态（state of confidence），其实是经济活动的参与者最关注的。但遗憾的是，经济学家从未对此进行过仔细的分析，他们通常满足于对它做很空泛的讨论。尤其是，他们没有搞明白：预

① 我所谓的“极不确定”和“极不可能”不是一个意思。请参见我写的《概率论》（*Treatise on Probability*），第六章，“论证中的权重分配”部分。（在统计学中，“极不确定”是指变量偏离均衡水平的幅度大，即方差大；“极不可能”是指变量的发生概率小——译者注。）

期对经济活动产生的重要作用正是通过其对资本的边际效率的影响实现的。信心状态非常重要，是因为它是决定资本的边际效率的主要因素之一，而资本的边际效率和投资的需求是一回事。可是，信心状态固然重要，但如果将其和资本的边际效率相提并论，作为影响投资量的另一个因素，也是不妥的。

其实关于信心状态，并没有过多可以论证的。因为我们的结论主要来自于对市场的观察和经济行为心理的分析。所以，该部分有脱离正题之嫌，但同本书的其他部分相比，该部分却是比较容易理解的。

以后关于信心状态的讨论，出于论述方便的考虑，我们将假定利率水平保持不变。因此，在后面的章节中，投资品价值的变化的唯一原因将是未来的预期收益的变化，而与将预期收益折现用的利率的变化无关。注意，我们这样做只是为了方便论述，其实，即便考虑信心状态和利率同时发生变化的情形，相关研究也不会特别复杂。

第三节

一个不容置疑的事实是，我们预测未来收益的知识的基础是十分脆弱的。我们掌握的关于一项投资若干年后的收益是多少的知识，通常是很少的，甚至可以忽略不计。坦白地说，仅凭现有的知识，我们根本无法预测一项投资 10 年后的收益如何，诸如铁路、铜矿、纺织厂、专利药品的商誉、大西洋航线、伦敦城区建筑等，甚至就连 5 年以后的收益都无法预测。事实上，市场中通常只有极少数的人才会企图认真进行这种预测，所以他们的行为根本不足以左右市场的运行。

过去的时候，企业主要由发起人和他们的朋友自行经营，因此，决定是否投资主要看这部分人有没有足够的活跃性和事业上进心。因为，在他们看来，进行投资创业更像是一种生活方式，而不是对预期收益精确计算的结果。尽管投资的结果很大程度上取决于投资者的能力和品质是否超群，但投资本身多少有点像买彩票。有些人会失败，有些人会成功。而且，就算到投资真的结束后，似乎也没有人能计算出投资的平均所得是超过、等于还是低于通行利率。如果把自然资源开发和垄断企业排除在外，即便是在经济发展和繁荣时期，似乎其他企业的投资实际平均所得也不会让创业者感到欣慰。因而将投资比作一场实力和运气相结合的游戏再合适不过。唯一不同的是，在游戏结束后，参与者根本不知道结果如何。因此，如果人们没有尝试的冲动，也不能从建工厂、修铁路、设矿井、开农场中获得乐趣（除了获得利润以外）的话，则仅凭理性的数字计算，恐怕不会有多少投资。

在传统的私人投资模式下，投资决策一经制定基本上不会改变。对于整个社会是这样，对于个人也是这样。但如今，企业经营模式发生了根本性改变，出现了所有权和经营权相分离的情况，出现了专门的有组织的投资市场。这些重要的新因素的出现，在方便投资的同时，又加剧了经济体系的不稳定性。如果没有证券市场，对我们承诺的投资进行反复的再评估是没有意义的。但正是证券交易所的出现，使得投资者可以每天对许多投资进行重新评估，从而投资个人（并非投资整体）易于作出变更原有投资承诺的决策。这就像是一个农夫，吃完早饭后就可以看一下天气预报，然后决定早晨10～11点不再去田地里劳动，而考虑在周末晚些时候再从事农业劳动。因此，证券交易所每天公布的行情数据，本来是为了给旧投资的转让提供便利，但同时势必会对新增投资数量产生实质性影响。试想，如果建造一个新工厂的成本大于购买一个类似的现有工厂，那么，新增投资的行为便失去了意义。再试想，如果新增的投资项目耗费极大、很不划算，但它可以上市发行股票，进而可以马上获得利润，则这项投资也是值得尝试的①。因此，有些类型的投资与其说是职业企业家预期行业前景的结果，不如说是证券交易所里股民普遍预期的结果②。既然证券交易所公布的行情数据这么重要，那么这些每天甚至每小时对外公布的数据是如何确定的呢？

第四节

在现实经济活动中，人们似乎达成了某种默契，都按照一条惯例行事。这条惯例——虽然实际情况并没有这么简单——假定：现在的经济情况会无限期延续至未来，除非有明确的理由表明未来的情况会发生变化。当然，有这样的默契并不意味着我们真的相信实际情况会真的这样。相反，大量的经验告诉我们，这条惯例是不成立的。一项投资经过一段很长的时间后，实际结果很少和最初的预期相一致。当然我们也不能假设：对于一个无知的投资来说，他对前景的预测对错参半，过高估计与过低估计的概率相等，从而可以得到一个统计学上的期望值。这种假设是行不通的。原因很简单：在统计中，对不确定性差别很大的事物赋予相同的概率会得出极其荒谬的结论。这样做就

---

① 在我的《货币论》（第二卷，第195页），我曾指出：股票被人们看好的企业可以通过发行更多的股票来筹集更多的资本，这和低息贷款具有相同的作用。现在我的说法是：如果股票被人们看好，市价走高的话，则表明该项投资的资本的边际效率将提高，这和利率降低的效果是一样的（因为投资与否取决于资本边际效率与利率的比较）。

② 当然，这不适用于没有发行股票或者没有发行与股票相似的证券工具的企业。然而这类企业过去很多，但现在越来越少，它们在新增投资总额所占比重也越来越小。

会犯了“存在即为合理”的唯心论，即不管当期市场价值是如何达到的，只要它处于一个水平，则该水平就是唯一正确的。因为这个市场价值是根据我们现有的能反映投资收益的各种事实的知识推算得到的，所以除非我们的知识发生了变化，否则该数值不会发生变化。然而，从哲学意义上讲，这一数值肯定不是唯一正确的，因为我们现在的知识尚不足以计算出正确的期望值。事实上，决定市场价值的因素很复杂，而且有很多与预期价值毫不相关。

虽然上面的传统计算方法有其不合理的一面，但只要我们相信它并照之行事，这种做法倒使我们的经济系统具有了相当的连续性和稳定性。

如果存在有组织的投资市场，同时如果我们相信上面的惯例，那么投资者就有理由鼓励自己，并使自己相信：投资唯一的风险来自于不远的未来的经济形势的改变，而且发生这个改变的可能性不大，就算这种改变真的发生了，自己也有足够多的时间形成判断并作出相应的投资调整。所以对投资者来说，他的投资在短期内是相当“安全”的，而且在接下来一连串的短期内都是安全的，因为在可以预见的投资时间内，经济形势发生改变的可能性不大，因而他没有必要一味地改变原来作出的投资决策。因此，在个人看来，自己的投资是可“流动”的；而在投资整体看来，投资却是相当“固定”的。

我坚信，世界上几个主要的投资市场都是基于这样的程序发展起来的。但是，我们需要承认：上述惯例过于绝对和武断，所以它自身肯定存在弱点。从后面的学习中，我们将发现：当期投资不足的问题，正是这条惯例具有的不可靠性弱点导致的。

第五节

几个强化了这种不可靠性的因素可简述如下：

（1）所有权与经营权相分离。这种经营方式在社会总资本投资中占的比重越来越大，但正是由于大部分资本被那些既不从事管理，又没有关于经营的专门知识（实际操作或预期）的人所掌握，所以，我们不能指望这些已经投资或计划投资的人在估计投资的价值时，能用到多少真实的投资知识。

（2）当期投资利润的波动。很显然，当期投资的利润总是发生暂时和无关紧要的波动。然而，这种波动叠加起来就会对市场产生重大的影响，甚至是荒谬的影响。举个例子，受季节的影响，美国制冰公司夏季的利润高于冬季的利润，从而这些公司的股价在夏季就比在冬季时高；同样的道理，如果遇到全国性节假日，英国铁路公司的股价就会增值数百万英镑。

（3）羊群效应。若把全体投资者比作羊群，则单个投资者就是其中的一只羊。经验告诉我们，单只羊的方向感不强，所以它的走向很大程度上取决于整个羊群的走向，尽管整个羊群是由一只又一只方向感不强的羊组成的。因此，作为羊群心理的产物，投资的市场价值必定会受到突如其来的看法改变的影响——也许这些看法同投资的预期收益毫不相关——而产生剧烈的波动，因为羊群根本没有保持稳定的心理基础。尤其是在非常时期，即便没有理由认为应该改变预期，现在的经济情况会无限期延续至未来的说法也很难让人接受，从而整个市场会莫名地被乐观或悲观的情绪所笼罩。这种情况很不合理，但也没有办法避免，因为此时根本并不存在进行理性考虑的坚实基础。

（4）职业投资者的影响。有一点特别值得我们注意，那就是，人们通常会认为：决策能力和专业知识超群的职业投资者之间的争论，可以矫正一般投资者的反复无常的投资行为。可是，事情并不像我们想象的那样，因为这些投资和投机方面的专家把自己的精力和技能用到了其他地方。实际上，这些人擅长的不是预期投资项目在其生命周期内的收益的变化，他们擅长的是预期其他人或大多数人会对相关投资项目的未来收益作出什么样的预期。换句话说，他们关心的不是一项投资对准备长期持有的投资者来说价值几何，他们关心的是该项投资在 3 个月或 1 年以后，在羊群心理的作用下，它被市场认可的价值是多少。进而言之，职业投资者的这种行为并非思想怪僻的结果，这其实是本身如此的投资市场的产物。因为，如果你预测一项投资的预期收益是 30 英镑，而同时又预测 3 个月之后该项投资的市场价值是 20 英镑，则你现在花 25 英镑进行此项投资就是不明智的。

因此，要想成为一名出色的职业投资者，他必须强迫自己时刻对那些将要发生和可能发生的事件保持敏感，特别是那些经验表明最能影响市场心理的事件。在一个为了“流动性”而组织设计的投资市场中，这是不可避免的结果。传统的经济理论崇尚流动性，而这一点对社会而言最为不利。传统学者认为：投资主体应该保持资本的“流动性”，以便将它们集中用于最有价值的地方，这对社会而言是一个积极的举动。但是他们忽略了一点：对整个社会而言，投资资本根本不存在流动性一说。对整个社会而言，高明的投资应该是尽量克服时间和知识方面的困难，强化我们对未来的预期。但对投资个体而言，最高明的投资莫过于和其他投资者斗智斗勇，赢在起跑线上，先发制人，将风险转嫁给别人，必要时可以采取损人利己的方法。

在这场投资者之间上演的智勇争斗中，对单个投资者而言，他根本不需要知道一项投资的长期预期收益如何，只要能预测出数月后市场会认为它的收益如何就行了。此类斗智斗勇，根本不需要外行的参与以供职业投资者鱼肉，职业投资者之间就能玩起来。参与者也不必真相信，长期来看，市场存在决定投资价值的规律。因为这场商业较量就像是在玩叫停、击鼓传花、抢椅子这样的游戏，你只要能做到不早不晚地喊出“停”字，或在鼓点结束前把花传给其他人，或在音乐停止时抢到一个座位，你就赢了。这些游戏很有悬念，很有趣，所以人们玩得乐此不疲，虽然他们都很清楚：当鼓点或音乐结束时，总会有些“倒霉蛋”拿到花或没有抢到座位。

或者，可以换一种比喻，从事职业投资就像是参与一场选美比赛：在报纸上登出 100 张照片，要求选手们从中选出 6 张他认为最漂亮的，而谁选出的照片最接近所有选手公认的 6 张照片，谁就获胜。所以，要想获胜，每一个选手就必须尽量挑选其他选手认为漂亮的照片，而不是自己认为漂亮的照片。因此，比赛最终选出的 6 张最美照片既不可能符合每个参赛选手的审美观（为了赢得比赛，参赛选手做出了违心的选择——译者注），也不可能符合大众的审美观（毕竟参赛选手只是大众的一部分——译者注），它符合的是参赛选手认为的“其他参赛选手认为的符合大众审美观”的平均值。这已经到了第三级推测，我相信有些人还会用到第四级、第五级甚至更高级别的推测。

这时，可能有读者要反问了：要是有人不屑于玩此类消遣游戏，而尽自己最大的努力进行长期预期，然后再进行投资，则这些人是不是必然会比其他投资者获得更高的利润呢？对于这个疑问，我给出的回答是：未必如此。原因有四：第一，这样严肃认真的人确实存在，而且如果他们的实力超过那些玩弄游戏的投资者，则投资市场的现状会发生很大的变化。但我们必须补充一句：在现代投资市场上，有几种因素会减少这类人的影响。真正根据长期预期进行投资，在现实中是很困难的，甚至是不可能的。打个比方：当羊遇到狼的时候，为了活命它有两种选择，要么比狼跑得快，要么比其他羊跑得快。很显然，选择前者的羊要更聪明，要付出更大的努力，而且会冒更大的风险。经验表明，再聪明羊如果选择了前者，它被吃掉的概率还是很大。类比到投资上，情况也一样。不按照套路出牌的投资者，必须更聪明，精力更充沛，能力更出众。但遗憾的是，没有证据表明：对社会最有利的投资策略，也是对个人最有利的投资策略。依据长期预期进行投资，很可能会落个“吃力不讨好”的下场；相反，损人利己总是比利人利己容易做到。第二，人生苦短，人类的本性是“今朝有酒今朝醉”。正所谓“双鸟在林，不如一鸟在手”，在投资方面，更多人追求的是立竿见影的效果，而不是空洞无味的预期。玩弄斗智斗勇的投资游戏，对于一个毫无赌博兴致的人来说，固然会感到厌倦和紧张到难以容忍的程度；可对于有此兴致的人来说，则是值得为此付出适当筹码的。第三，一个投资者要想不用考虑短期市场波动，就必须有雄厚的资金作为安全保障，而且还不能用借来的钱从事如此规模的投资。这是为什么在智力和资金存量相同时，同其他投资者斗智斗勇能获得较高报酬的又一个理由。第四，通过长期预期进行投资固然能极大地促进社会利益，但如果投资基金由多人委员会、董事会或者银行经管，则这类人最容易受到批评①。因为他的行为，在人们看来，本质上应该是怪僻的、不守成规的、过于鲁莽的。如果他成功了，这只能证实

① 人们认为的稳妥的投资方法是：投资信托部门或保险部门，不仅要关注投资组合的投资收益，还要时刻关注这些资本的市值变化。也许正是有这样的想法，所以人们才会更加关注投资收益的短期变化。

人们对他的鲁莽的评价；如果在短时期内他失败了（很可能是这样），他肯定不会得到别人的谅解和怜悯。所以，处世之道告诫我们：在声誉上，“墨守成规导致失败”比“不守成规获得成功”好。

（5）信用状态（state of credit）。到目前为止，我们主要考虑的还是投机者或者投机性投资者的信心状态。我们似乎暗中假定：只要这些人对投资前景充满信心，他们就可以按照市场利率无限制借到资金。当然，实际情况肯定不是这个样子。因此，我们必须顾及到信心状态的对立面，即贷款人，对借款人的信心，我们可以称之为信用状态。股市崩盘，会对资本的边际效率带来灾难性影响，而起因既可能是信心状态弱化也可能是信用状态弱化。但是，虽然二者之一的弱化就足以造成经济崩溃，而经济复苏却要求二者同时恢复。因为信用状态的弱化是经济崩溃的充分条件，但信用状态的强化却不是经济复苏的充分条件，它的强化是经济复苏的必要条件。

第六节

以上讨论，经济学家都不应忽视，但对它们的观察应该有轻重缓急之分。如果我可以用“投机”一词来表示“预测市场心理”这种活动，用“经营”一词表示“预测资产在其整个使用期间内的未来收益”，则投机活动未必总是支配经营活动。但投资市场的组织越是完善，投机支配经营的风险就越大。纽约作为世界上最大的投资市场之一，其投机（依照以上所下定义）的影响是巨大的。即使在金融领域之外，美国人也总是喜欢推测一般人对一般人的看法。这是美国的国民缺陷，而这种缺陷在股票市场可窥一斑。人们常说，英国人进行投资为的是从中获得实实在在的收益；而美国人则不同，他们购买投资品为的是获得资本性增值。换句话说，美国人进行投资，看重的不是该项目未来的收益，他们看重的是该项投资市场价格的有利变动。从上述定义可以得知，美国人不是在经营而是在投机。若将企业正常经营比作一条小溪，将投机比作水中的泡沫。则当企业经营这条小溪水流平缓时，水中有些投机泡沫也不会产生严重的影响。但是，当企业经营这条小溪水平变得湍急时，投机就变成了漩涡中的泡沫，这时的情况就变得非常糟糕了。当一国的资本增值活动变成了赌博行为的副产品时，资本增值这件事也很难做好。如果认为华尔街的存在对整个社会是有利的，它充当了引导新投资进入高回报行业的渠道，那么，它取得的成就也不能被认为是自由放任资本主义的功效——这没有什么奇怪的，如果我的观点是正确的，华尔街的精英们真正关注的其实并不是我们认为他们应该关注的。

只要我们设计的投资市场非常灵活，则这种投机趋势将是不可避免的。一般人都同意，从公共利益出发，像赌博这种不务正业的行业必须提高进入的门槛。而对于证券交易所，恐怕我们也应该这样做。伦敦证券交易所的罪恶同华尔街相比较少，原因并不是民族特点的差异，而是普通英国人进入思罗克英顿大街（Throgmorton Street，伦敦证券交易所所在街名——译者注）比普通美国人进入华尔街（Wall Street，纽约证券交易所所在街名—— 译者注）要困难和昂贵许多。要想在伦敦交易所进行交易，需要支付介绍费、高额经纪费，还要向英国财政部交纳繁重的资本利得税，这些都减少了市场的流动性（虽然每两周结账一次的方法增加了该市场的流动性），这在很大程度上规避了华尔街的一些缺点①。在美国，政府要想抑制投机对企业正常

---

① 据说，华尔街证券交易活跃时，交易总量的一大半是由投机者当天买进当天卖出的活动实现的。商品交易所也是这样。

经营的负面影响，最切实可行的办法，应该是对一切证券交易征收高额的资本利得税。

现代投资市场的迅猛发展，使我非常担忧经济运行的状况。为了应对当代投资市场的弊端，有时我甚至有这样的想法：明文规定“购买投资品”如同“结婚”，而且要长期持有不能毁约，除非像婚姻一样，出现死亡或者其他严重的原因才能“离婚”。这样做有一个好处，就是投资者将注重长期预期分析，而且他们也只能将心思放在这上面。但仔细想一想，这种权宜之计会使我们处于进退两难的境地。因为，流动性强的投资市场可以为投资者提供投资的便利，虽然有时它也会阻碍新的投资。事实表明：如果投资个体认为自己的投资具有“流动性”（虽然对于投资者整体而言，这是不可能的），他们会表现得更稳重，而且更乐于进行风险投资；相反，如果投资个体的投资不具有流动性，那就会严重影响新的投资，因为对投资者而言，进行投资不如进行储蓄。这就是上文所说的进退两难的境地。除非投资资产在市场中可以很方便地变现，否则只要人们可以自由选择将财富用于储蓄和借贷，那么购买资产进行投资就没有足够的吸引力（对那些不管理资本资产或者对此知之甚少的人尤其如此）。

要想根治现代经济生活中的信心危机，我们只能开一剂猛药——对于自己的收入，每个人只能在全部用于消费和购买特定的资本资产之间进行选择，即使没有证据表明这些资产像他们想的那样是最有利可图的。但最可能的是，由于对未来的经济走向充满疑虑，所以更多的人可能会在投资方面犹豫不决而更可能选择消费。但选择消费而不选择投资总比两种都不选择强，因为后者对社会造成的影响将是灾难性的、长期而深远的。

人们认为只存钱不花钱的行为对社会是有害的，这种观点和上述的说法很像。但他们忽视了一点，那就是，即使人们不再增加存款数量或不再过多增加存款数量，这种危害还是存在的。

第七节

之所以经济会出现波动，前面提到的投机是一方面原因，下面我们将从人的本性出发探究另一方面的原因。人似乎天生是乐观主义者，我们的很多积极行为受到的是自发的乐观情绪的驱使，而不是来自道德、享乐主义、经济方面的数学预期。尽管这些积极活动产生的后果只有在很长一段时间后才能显现，但我们还是作出了这样的决策，原因可能在于“探索”和“尝试”是人的本性，而不在于这是收益乘以概论得出加权平均数的结果。不论投资动机在企业章程中写得多么直白、多么真诚，这些肯定都是自欺欺人的做法。拿未来收益的预测值作为依据进行企业投资和拿它作为依据进行南极探险活动的效果差不多。虽然我们渴望收益和害怕损失都没有什么合理依据，但是一旦我们的动物精神消失或我们变得不那么爱探索和尝试，就算计算得到的未来收益的预期值再好，我们的投资也将趋于萎缩。

可以放心地说，对未来充满希望并进行创业的行为将有益于整个社会。当创业热情和理性预期分析同时具备时，投资者就会将那些阻碍投资的消极想法抛在脑后，哪怕这些想法足以预言自己的投资终将失败。原因就像，对一个健康的人的来说，尽管死亡总有一天会来临，但此时他不会把这件事放在心上一样。

不幸的是，上述情况意味着：经济的繁荣高度依赖于一个适宜创业的政治和社会大环境，而一旦经济出现萧条和衰退迹象，其后果将是非常严重的。如果在工党政府或者新政的大环境下企业经营很不景气，则其中的原因，既不是对预期收益的计算出了问题，也不是某些政治家在作祟，而很可能是它仅仅破坏了自发乐观的美妙平衡。因此，在预期未来的投资量时，我们必须关注投资者的自发情绪，关注这些人的心理承受程度、疯狂程度以及对投资环境的敏感程度。

论述至此，如果认为一切经济行为都取决于非理性的心理波动的话，也未免有点偏激。相反，长期预期状态通常是稳定的，即便它出现波动，也会有其他因素发挥它们的稳定作用。我们仅仅是在提醒自己：人们对于未来的决策，会受到个人、政治、经济等诸方面的影响，而不依赖于严格的数学期望值，事实上，这样的数值也很难算出来。推动经济车轮前进的正是我们天生的投资热情，除此之外，我们需要做的就是在众多可能性当中，尽我们所能在任意时间地点作出最理性的选择。但话又说回来，谈到投资的原动力，理性预期则要让位于内心冲动、奇思妙想、多愁善感和机缘巧合。

第八节

此外，这里还有一些重要的因素，可以弥补我们在实际决策中对未来的预期不足。随着时间的推移，资本设备的老化程度会加剧，从而收益将成为一个变量集合，所以许多投资者注重比较短期的回报还是合理的。房屋建造业作为最重要长期投资项目之一，其风险常常从投资者那里转移到住户身上，或者通过签订长期契约的方式而由双方共同承担。此类契约可以给住户一个长期的住房保障，因为他们也乐意为此承受一定的风险。公共事业投资作为另一类重要的长期投资项目，其自身具有的垄断特性，赋予了它在一定回报率之上定价的权利，因而它可以得到长期而稳定的预期收益。最后，还有一项日趋重要的投资项目，即由政府从事的或者由政府承担风险的投资项目。在从事此类不以盈利为目的投资时，政府考虑更多的是这类投资的社会效益，所以并不要求投资收益的数学期望值至少等于当期利率水平——尽管，为此支付的利息等费用仍会对财政资金的投资规模大小起着决定性作用。

所以，在对长期状态中的短期变化的重要影响给予充分讨论之后，我们将回到对利率的研究之上。要知道，预期和利率在投资中起的作用是不一样的，后者在正常条件下虽然不会对投资产生决定性影响，但还是会产生重要影响。但是，至于通过对利率进行管理能否持续地刺激投资达到合适规模，恐怕只能让事实说话了。

就我自己而言，我现在对货币政策可以调控利率的做法持怀疑态度。我期望政府能担负起更多的责任，能从长远出发估计资本的边际效率，能以人为本，能更多地参与投资。因为，按照我在上文所说的原则，市场对资本的边际效率的预期变化很大，甚至大到任何利率的实际变化都不足以抵消的地步。

第九章　利率通论

第一节

在本书第七章中，我们已经指出：尽管在众多因素的作用下，投资量会调整至资本的边际效率等于利率的水平，但资本的边际效率本身和利率是完全不同的。资本的边际效率可以看作借款人借入资金进行投资时愿意付出的代价，而利率则可以看作贷款人贷出资金时愿意得到的回报。因此，为了完善我们的理论，我们需要知道是什么因素决定了利率水平。

该问题的相关回答，我们将在本书第十章及其附录中给出。宽泛地讲，利率的形成应该是资本的边际效率和储蓄的心理倾向相互作用的结果。而传统理论认为：利率是储蓄供求平衡的结果，而新增的投资引发对储蓄的需求，社会具有的储蓄的心理倾向引发对储蓄的供给。而一旦我们发觉，仅仅依靠储蓄的需求和供给这两个因素根本无法推导出利率时，传统的利息理论也就不攻自破了。

然而，对于该问题，我们又能给出什么样的回答呢？

第二节

要想完全体现出一个人的时间偏好心理，两类不同的决定必不可少。第一类是我提到的消费倾向，它决定了一个人将其收入的多少份额用于当期消费，有多少份额以某种形式储存下来用于未来消费，而影响消费倾向的种种因素我们已经在本书第二编做过详细的论述。

一旦人们做出了第一类决定，第二类决定就摆在了人们面前，那就是，他会选择以怎样的形式储存收入（当期的和以前存储下来的）以备未来消费呢？他会选择即时性和流动性强的形式（即选择持有现金或其等价物的形式）呢？还是采取另一种形式，即首先在一个确定时期或者不确定时期内放弃对收入的即时支配权，然后再依据未来市场的走势时刻准备将该形式的收入转换成前一种形式的收入呢？换句话说，第二类决定考察的是人们对流动性的偏好程度——此处的“流动性偏好”指的是：在各种不同情况下，一个人愿意采用持有现金方式保持自己的资源（以货币或工资单位计量）的数量。

仔细研究后我们将发现传统利率论的错误之处，即它试图只对上述的第一类时间偏好心理进行研究从而得出利率，但很显然，它忽视了第二类时间偏好心理的作用。而我们要做的，就是努力补救利率论的这一缺陷。

很显然，利率不可能是对“储蓄”或“节制消费”的补偿。因为，如果一个人用持有现金的方式进行储蓄，虽然储蓄量没有变化，但他得不到利息。相反，仅从利息一词的字面意思我们便可知一二，利息指的是：让渡资金一段时间内的灵活使用权而获得的报酬。所以，利率本身不过是比值，其分母是一定数量的货币，而分子是让渡一段时间内①的灵活使用权而获得的索取回报的债权②。

既然利息反映的是任何时候放弃流动性的报酬，所以利息还可以反映人们为保持流动性而愿意付出的代价。利率并不是由投资资金的需求量和自愿放弃的当期消费量的均衡点决定的，而是由人们愿意持有的现金数量和可供持有的现金数量的均衡点决定的。这意味着：如果利率水平较低，即放弃流动性的报酬较低，则人们愿意持有的现金总量将超过可供持有的现金总量。相反，如果利率水平较高，则可供持有的现金总量将超过人们愿意持有的现金总量。如果这种解释是正确的，则“货币供给量”将和“流动性偏好”一起构成决定一定条件下实际利率水平的因素。流动性偏好是一种潜在的函数关系，它表示的是在既定利率水平下人们愿意持有的货币数量。因此，如果设利率水平为 r，货币需求数量为 M，流动性偏好函数用 L 表示，则上面的论述可以用公式的形式表达出来，即 $M=L(r)$，它表示的是：货币是在何时何地以及如何进入经济系统的。

然而，在这里，让我们回过头来想一想，人们为什么会有流动性偏好呢？为解释这个问题，我们可以先从合理利用已有的知识入手，即现金具有的“交易”和“贮藏财富”的功能。首先是交易功能。很显然，为了交易的便利和及时，在一定限度内牺牲一定数量的利息

---

① 与特定期限的问题讨论不同，在一般的讨论中，为方便起见，最好还是将利率作为一个对应不同期限的利率族，即一系列的利率看待。

② 至于什么是“现金”，什么是“债权”，我们可以根据论述的方便而自由划分。例如，我们可以把现金当作是放弃期限不超过三个月的一般购买力。而债权，则是在此期限内不能被支配的一般购买力。当然，我们还可以把期限设定为“三天”或“三个小时”等等。我们甚至可以把一切不能及时被使用的购买力排除在“现金”之外。但现实中，我们惯用的做法是将银行定期存款，甚至类似的事物如国库券也包括在“现金”之内。本书中，我将遵循《货币论》中的做法，继续将银行存款作为现金看待。

是值得的。但是，既然利率是不会低于零的，可是为什么还有人宁愿采用不产生或产生很少利息的方式来持有财富，而不用能产生利息的方式呢（此处必须假设银行和债务人不履行债务的风险是相同的）？要想解释清楚这个问题，那将是极其复杂的，我们将留待本书第十一章进行讨论。但是，下面我们将指出一个必要条件，没有它就没有流动性偏好。

这个必要条件就是：人们预期利率的水平在未来会发生变化，也就是说，人们**不能确定**将来不同期限的利率会处于什么水平。因为，如果人们可以准确地预期未来的利率取值，则未来的各种期限的利率都可以从债券和各种有价证券的当期利率水平中推算出来，而当期债券和各种有价证券的利率水平又会根据关于未来利率的知识进行调整。例如，设${}_1d_r$代表存款期限为 r 年的 1 英镑折合到第 1 年时的现值，又设${}_nd_r$代表存款期限为 r 年的 1 英镑折合到第 n 年时的现值，则我们可以推导出：

$$
{}_nd_r = \frac{{}_1d_{n+r}}{{}_1d_n}
$$

从上式可以推导出：任何债券在第 n 年时折算成现金的贴现率，都可以由当期利率族中的两个值推算得出。如果当期债券和各种有价证券的利率水平都是正值，则采用任何不持有现金的方式总比持有现金的方式贮藏财富更有利可图。

相反，如果未来的利率是不确定的，则我们就不能理直气壮地认为，将来的${}_nd_r$必然等于$\frac{{}_1d_{n+r}}{{}_1d_n}$。如果急需现金，而 n 年期的存款还未到期，则将这类长期债券换成现金时就会蒙受损失，相比而言，持有现金就没有这样的风险。除非按照概率知识计算得出的利润或数学期望足以补偿这类风险（能不能进行这样计算还不得而知），否则人们将倾向于持有现金。

进而言之，如果存在完善的资金市场，则人们就有了另外一个灵活偏好的理由。由于当前的利率水平反映的不过是大多数人的看法，而每个人对未来的利率水平的预期都不同，所以，如果事实证明这个人的看法是对的，则当期各个$_1d_r$之间的关系必与将来的事实不符，这样他就可以从中牟利①。

从某种程度上讲，这和我们讨论资本的边际效率时的情况很相似。正如我们发现的那样，资本的边际效率并不取决于“最精明的人”的看法，而取决于受大众心理影响的市场评价。同样，未来的利率水平取决于大众的心理，而这种心理又会对人们的流动性偏好产生影响——需要补充一点：如果一个人预期的未来利率水平高于现有利率水平，则他完全有理由现在持有现金②，而等到以后利率水平真的上升时再购买长期债券；反之，如果一个人预期的未来利率水平低于现有利率水平，则他完全有理由现在借款购买长期债券，因为等到以后利率水平真的下降时再购买债券，相应的回报率必定较小。最终，市场会在“看涨”力量和“看空”力量相等时达到均衡。

综上所述，我们可以将流动性偏好区分为三种动机：第一，交易动机，即持有现金，用于个人或经营上的正常交易；第二，谨慎动机，即把全部资源的一部分以现金的形式保存起来，以备不时之需；第三，投机动机，即投资者认为自己能预知未来，并能确保从投机中获利。但还有一个问题，就像我们分析资本的边际效率时那样，它会

① 这要用到我在《货币论》提到的“买空卖空”、“看涨看跌”的知识。

② 有人可能会认为，基于同样的理由，如果一个人认为投资的未来收益将小于市场的估价，他完全也可以选择持有现金。但情况并非如此。这个人固然有充分的理由持有现金或者债券而不是股票，而债券又比现金更有利，除非他也相信未来的利率会高于市场的预期。

使我们处于进退两难的境地，那就是市场的问题——如果市场不完善，则谨慎动机引起的流动性偏好会大大增加；如果市场完善，则投机动机形成的流动性偏好又会出现大幅波动。

相关说明，可以表述如下：假设出于交易动机和谨慎动机的考虑，人们准备持有的现金数量对利率水平的变化不敏感，但这里要排除利率水平对收入水平的影响。所以，货币总量（小于收入数）减去上述货币量的余额，就可以满足投机动机所形成的对流动性的需要。最终，利率和债券的价格会被调整到一个均衡点，在该点人们愿意持有货币用于投机的数量（由于看跌债券的未来价格，所以人们宁愿持有现金以备投机之用）正好等于可以用于投机的货币数量。如果货币数量增加，利率水平会下降，则债券价格必然会提高，进而原本“看涨”的人会加入到“看跌”的行列中来。然而，如果短期内的投机动机的货币需求非常小，则货币数量的增加会要求利率能马上下降到必要的程度，以使就业量和工资单位能得到充分的提高，从而使得增加的货币数量能够完全被交易动机和谨慎动机所吸收。

通常我们可以认为：流动性偏好和利率二者之间的关系可以用一条递减的平滑曲线表示，即随着利率的下降，货币的需求量会增加。原因可以表述如下：

第一，假设其他条件不变，则随着利率水平的下降，交易动机的货币需求会增加。原因是：假设利率水平的下降使得国民收入增加，则用于交易的货币量需求也将或多或少地增加。而在手头持有现金带来便利的同时，用利息衡量的损失却在减少。除非我们用工资单位替换货币（在某些情况下，用货币计量比较方便）计量流动性偏好，否则，利率下降将提高工资（即工资单位的货币价值会增加）进而会增加就业，这时交易动机的货币需求亦将增加。第二，利率的每一次降低都会增加特定人群愿意持有现金的数量，正如我们看到的，他们会因此而对未来的利率水平产生与市场不同的看法。

虽然如此，有时还会出现货币供给量大大增加而利率却微微下降的情况。原因是：第一，货币数量增加会加剧未来经济走势的不确定性，出于安全考虑，人们的流动性偏好会增强；第二，此时人们对于未来利率水平的看法是一致的，因此当期利率水平的微小变化就足以促使人们大量持有现金。有趣的是：经济体系的稳定性及其对货币数量变动的敏感性，依靠的竟然是对于不确定性的看法的多样性。如果能预知未来，那当然最好不过。如果不能，则若想通过改变货币数量来控制经济体系的活动，最重要的就是保持大众看法的不一致性。由于美国人倾向于在相同的时间持有相同的意见，而英国人则喜欢持有不同意见。所以，通过货币政策达到对经济的调控，这种方法更适合英国而不适合美国。

第三节

如今，我们把“因果分析法”（causal nexus）引入了对货币的分析中，这当属首创，而且实现了从全新的角度去看待货币数量的变化对经济体系的影响。然而，正像我们试图说明的那样：如果把货币比作刺激经济的“酒”，我们就必须提醒自己，酒从酒杯到嘴里之间可能由于各种各样的原因而洒掉。比如，假定其他条件不变，货币数量的增加虽然可能使人们预期利率水平会下降，但如果人们的流动性偏好的增加大于货币数量的增加，则上述情况就不会出现。再比如，假定其他条件不变，利率水平的下降可能导致投资量的增加，但如果资本的边际效率比利率下降得快，则上述情况就不会出现。再比如，假定其他条件不变，投资量的增加可能会导致就业量的增加，但如果消费者的消费倾向趋于下降，则上述情况也不会出现。最后需要指出的是：如果就业量增加，则物价水平也将上涨，其上涨的幅度部分取决于物质供给函数的形状，部分取决于以货币计量的工资单位的提高。而随着产量的增加以及物价水平的上涨，要想维持一定的利率水平，受流动性偏好的影响，货币数量需要必要程度的增加。

第四节

虽然流动性偏好中的投机动机同我在《货币论》中提到的“空头状态”（state of bearishness）很像，但二者是不同的。因为，此书中的“空头状态”不是利率（或者债券价格）与货币数量之间的函数关系，而是资产和债券价格与货币数量之间的函数关系。然而，这样做有一个不好的地方，即可能无法区分一个经济后果是利率的变动引起的，还是资本的边际效率的变动引起的。我希望这里已经避免了这一点。

第五节

“贮藏货币”（hoarding）一词姑且可以当作“流动性偏好”（liquidity-preference）一词的同义词。而事实上，我们还可以用“贮藏货币倾向”一词代替“贮藏货币”，因为效果是一样的。但是，如果此处的“贮藏”指的是现金实际持有量的增加，则它将是一个有缺陷的概念——甚至会产生严重的误导，会使我们认为“贮藏”和“不贮藏”是一个非此即彼的简单选择。在决定是否贮藏货币的时候，我们必须考虑保持货币流动性可以带来的好处，因此这类决定更像是权衡各种好处之后得到的结果。而且，只要我们把贮藏货币视为现金的实际持有量，则该数量并不会随公众决策的改变而改变。因为货币的贮藏数量必然等于货币的供给数量（或者，按照某种定义，等于货币数量减去满足交易动机需求的部分），而公众无法决定货币的供给数量。公众贮藏货币的倾向所能做的，不过是决定公众意愿贮藏的货币总量等于可以用于贮藏的货币总量时的利率水平。过去的理论向来忽视利率与贮藏之间的关系，这也许就是为什么“利息通常被当作是对节制消费的补偿”的原因，而实际上，利息应该是对不贮藏货币（即放弃流动性偏好——译者注）的回报。

第十章　古典经济学派的利率论

第一节

我们是在古典经济学派利率论的熏陶下成长起来的，而且在此之前，我们几乎是毫无保留地接受了这个理论。那么，古典经济学派利率论的内容是什么呢？对于这个问题，我发现，很难给出一个精确的回答，甚至在古典经济学派的经典著作中也找不到对它的直接论述①。

但有一点非常明确，那就是，古典经济学派的传统是把利率视为均衡“投资需求”和“储蓄意愿”二者的一个因素。投资代表对投资性资源的需求，储蓄代表对投资性资源的供给，利率是使得投资性资源供求相等的“价格”。就像商品的供求相等决定商品价格一样，利率会在各种市场力量的作用下达到一定水平，在该水平下，投资量将等于储蓄量。

上述如此直白的说法，在马歇尔的《经济学原理》里根本找不到。但这确实是他信奉的理论。我原来也对该理论深信不疑，甚至多年来我也教导别人这样做。马歇尔本人的观点，可以从下面摘自《经济学原理》的一段话了解个大概——“利息，作为在任何市场上使

---

① 参见本章附录，此为我尽自己最大努力做的摘录。

用资本而支付的价格，趋向于一个均衡水平，即在该利率水平下，对资本的总需求量将等于资本的总供给量”。关于利息和利率，理论界可谓众说纷纭，下面我们将引述一些学者的观点。卡赛尔（Cassel）教授在他的《利息的本质及其必要性》（*Nature and Necessity of Interest*）一书中这样写道：“投资构成‘等待的需求’，储蓄构成‘等待的供给’，而利息则是使二者趋于相等的‘价格’。”但这些我找不到相应的出处。卡弗（Carver）教授在其《财富的分配》（*Distribution of Wealth*）第六章中，曾明确假定：利息是使等待的边际负效用和资本的边际生产力达到均衡的因素①。阿尔弗雷德·弗拉克斯（Alfred Flux）爵士在其《经济学原理》（*Economic Principles*）第95页这样写道：“如果我们的论述是正确的，储蓄和资本的有效利用会自动调节……只要净利率大于零……储蓄总不愁无用武之地。”陶西格（Taussig）教授在其《经济学原理》（*Principles*）第二卷，第29页画了一个图，图中有两条曲线，一条是储蓄的供给曲线，另一条是储蓄的需求曲线。第二条曲线是根据“边际生产力随资本的增加的递减”的原理构造的。但在该书的第20页，他这样写道：“利率会趋于一个稳定点，并使得资本的边际生产率足以引致储蓄的边际增量②。”瓦尔拉斯（Walras）在其《纯粹经济学大纲》（*éléments d'Économie pure*）

---

① 卡弗对利息的讨论很难理解。一方面是因为，不知道他所谓的“资本的边际生产力”是指“边际产品的数量”，还是指“边际产品的价值”，而且他的概念前后不一致；另一方面是因为，他没有说明用什么衡量资本的数量。

② 参见F. H. 奈特（F. H. Knight）的《资本、时间和利息率》一文，《经济学》1932年8月刊。这篇文章对资本的性质进行了许多有趣的和深刻的考察。他也赞同马歇尔关于庞巴维克分析（Böhm－Bawerkian analysis）毫无用处的传统观点。因此，他提出的利息理论遵循的也是传统的、经典的模式。按照奈特的观点：资本生产的均衡意味着“这样一种利率水平，在此利率水平下，资本流入市场形成储蓄的速率恰好等于储蓄转化为投资的速率，而投资所产生的净收益又恰好等于为了使用储蓄而支付给储蓄者的报酬。”

附录I（III）中讨论“储蓄转化成新增资本”时曾明确指出：对应于每一个可能的利率水平，人们的意愿上的储蓄总量趋于等于人们意愿上用于新增资本资产的投资总量。利率是使它们二者相等的变量。而且利率必决定于“代表新增资本供给的储蓄”等于“对该新增资本的需求”的一点。所以，我们可以看出，瓦尔拉斯严格遵循了古典经济学派的传统。

受传统理论的影响，不管是普通人（如银行家、公务员或者政治家）还是训练有素的经济学家似乎都抱有一种想法：人们只要进行储蓄，利率水平就会下降，进而会自动刺激资本的产量，而且利率的下降程度，恰好足以导致储蓄的增量被刺激出来的新增投资所吸收。而且，他们还认为：这是一个自动调节的过程，无需货币当局像祖母般关心和特殊干预。同样的，甚至时至今日，人们仍抱有一个更普遍的想法：如果没有储蓄倾向的相应提高予以抵消，则投资的每一次增加必然会提高利率水平。

根据前面几章的论述，我们不难发现，上述的几种观点都是错误的。为什么会有这么多不同观点呢？让我们先将这些观点的不同部分撇在一边，而从它们的相同部分开始说起。

同新古典经济学派的观点（实际储蓄和实际投资并不必然相等）不同，古典经济学派更倾向接受二者相等的观点。像马歇尔（虽然不曾明确地说出来），就确信“储蓄总量必然等于投资总量”。而事实上，古典经济学派的多数学者更加偏激，他们甚至坚信：储蓄的增加必然会引致投资的相应增加。仅就目前的场合而言，我所谓的“资本的边际效率”或者“投资需求”与上文引用的古典经济学家的“投资需求”，并无实质性差异。但当我们谈到“消费倾向”及“由其推导出的储蓄倾向”时，意见分歧就产生了，因为他们的研究注重利率对储蓄倾向的影响。但是，他们大概不会否认收入水平对储蓄的数量产生的重要影响。与此同时，就我个人而言，我也不会否认利率可能对即定收入中的储蓄数量产生影响（虽然这类影响不像他们认为的那样）。古典学者的观点似乎都认同一个我和他们都能接受的假定，即如果收入水平既定，则我们可以推断，对应于不同利率水平的资本需求曲线与对应于不同利率水平的给定收入的储蓄量曲线相交，两线的交点确定的数值即为当期利率水平。

但正是从这一点开始，古典经济学派的理论慢慢出现了错误。如果古典经济学派仅仅从以上命题推出：给定资本的需求曲线以及既定收入水平下利率的变化对意愿储蓄数量的影响，收入水平和利率水平之间便存在一一对应的关系。这没有什么好争论的。而且，由此命题还可自然引出另一个重要命题，即假设利率水平、资本的需求曲线以及利率对既定收入水平下的意愿储蓄数量都是给定的，则收入将成为促使储蓄数量等于投资数量的一个重要因素。但事实上，古典经济学派的理论不仅把收入水平的变化假设掉了，而且还把其思维上的错误也假设掉了。

从上面的引述我们可以看到：古典经济学派的理论可以进一步考察（例如）资本需求曲线的变动对利率的影响，而不必排斥或者修改其“既定部分的收入将用于储蓄”的假定。古典经济学派的利息理论有两个可变量，分别是资本的需求曲线和既定收入水平下利率对储蓄的影响。按照该理论的观点：如果资本需求曲线发生移动，则均衡利率水平也会发生变动，而且新的利率水平由移动后的资本需求曲线与原来的资本供给曲线的交点决定。古典的利息理论似乎假定：如果资本需求曲线发生移动，或者体现“利率水平与既定收入中储蓄数量的关系”的曲线（即资本的供给曲线——译者注）发生移动，或者这两条曲线同时移动，实际利率水平总是取值于这两条曲线的交点决定的水平。然而，这种理论说法是行不通的。因为，既然已经假定收入水平保持不变，却又假定上述两条曲线可以互不干扰地自由移动，这本身就是矛盾的。因为，只要两条曲线中的任何一条发生移动，一般情况下，收入就不可能保持不变，进而建立在“收入水平保持不变”的假定上的推论都将失效。要想自圆其说，他们必须对理论设定极为复杂的假设条件，即假定只要上述曲线发生移动，工资单位就会自动改变，这种变动对流动性偏好的影响足以形成一个新的利率水平以抵消上述曲线的移动，并使产量保持在原有水平之上。但遗憾的是，这个必要的假定在古典学者的观点中连个影子也找不到。这种假定顶多只能适用于长期均衡，而不能作为短期理论的基础。然而，即使在长期中，这种假定也未必适用。事实上，古典经济学派理论没有考虑到收入水平的变化，它们也忽视了“收入水平实际上是投资量的函数”的可能性。

上述讨论，可以借助下面的图形①加以说明：

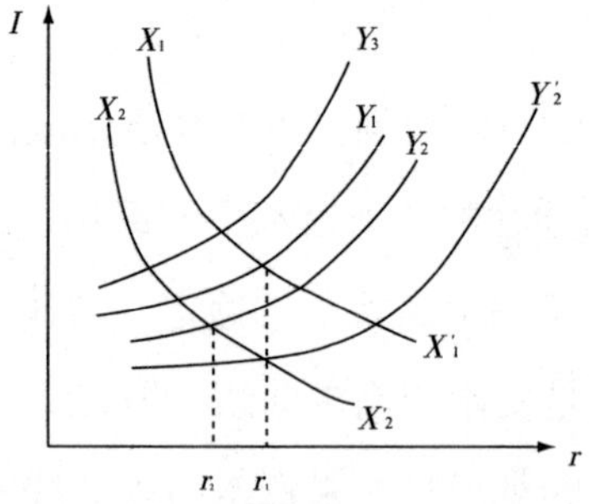

图中的纵坐标 I 代表的是投资量（或储蓄量），横坐标 r 代表的是

① 此图是根据 R. F. 哈罗德（R. F. Harrod）先生给我的建议画的。D. H. 罗伯逊先生也用过类似的图形，可参见《经济学杂志》（*Economic Journal*），1934 年 12 月，第 652 页。

利率水平。曲线 $X_1X'_1$ 表示投资需求曲线的初始位置，曲线 $X_2X'_2$ 表示投资需求曲线移动后的位置。曲线 Y_1 表示当收入为 Y_1 时，利率和储蓄量之间的关系；曲线 Y_2 和 Y_3 的含义可依此类推。我们假定：曲线 Y_1 是与投资需求曲线 $X_1X'_1$ 相对应的曲线 Y，二者的交点对应的利率为 r_1。现在，如果投资需求曲线由 $X_1X'_1$ 移动到 $X_2X'_2$，一般情况下，收入会发生变动。但是，上图包含的数据信息有限，不能告诉我们此时的收入是多少。而且，我们也不知道曲线 $X_2X'_2$ 会和哪一条曲线 Y 相交。所以，也就不知道新的投资需求曲线和对应的曲线 Y 的交点在何处。但是，如果我们引入流动性偏好和货币数量两个因素，而它们可以决定利率的水平，假设利率水平是 r_2，则所有的问题都将迎刃而解。由图中可以看到，曲线 Y_2 就是我们要找的那条与曲线 $X_2X'_2$ 相交于 r_2 点的曲线 Y。因此，曲线 X 和曲线 Y 不能告诉我们利率 r 是多少，它们只能告诉我们在利率为 r（由其他因素决定）时收入是多少。如果流动性偏好和货币数量都保持不变，则利率水平也将保持不变。所以，曲线 Y_1 与投资需求曲线 $X_1X'_1$ 的交点对应的利率 r_1 也将是新的投资需求曲线 $X_2X'_2$ 与新的曲线 Y 的交点对应的利率值，由图中可以看出，Y'_2 就是新的收入水平。

因此，古典经济学派利息论中的两个函数——投资量对利率变动的响应以及既定收入水平下储蓄数量对利率变动的响应——都不能作为确定利率水平的依据。但是，它们却能告诉我们：在利率水平（由其他因素决定）给定的情况下，收入水平将是多少。或换一种说法，它们可以告诉我们：要想把收入保持在一个特定的水平（比如，相当于充分就业时的收入水平），利率水平需要是多少。

就像不同风险程度的贷款或投资要求的报酬，不应该被看作等待的报酬，而应该被视为承担风险的报酬一样。古典经济学派的利息论错就错在，把利息当作是对“节制消费”的补偿，而实际上，利息应该被看作是对“不贮藏货币”的报酬。说实话，贷款或投资的回报和所谓“纯粹的”利息之间并没有明确的分界线，因为它们都是承担这样或那样不确定性的风险应得的回报。当货币仅仅充当交易的手段，而不作贮藏之用时，另一套理论才是合适的①。

然而，至少有两个大家熟悉的观点，或许能给古典经济学派发出一个警告，告诉他们有地方出错了。第一，自从卡赛尔教授的《利息的本质及其必要性》一书出版以来，至少大多数人同意以下观点，即特定收入水平下的储蓄数量未必随利率水平的上升而上升；同时也没有人否认，投资需求曲线会随利率水平的上升而表现出下降的趋势。如果真是这样的话，既然我们面对的是两条都下降的曲线，则我们就不能保证一条既定的曲线 Y 和一条既定的曲线 X 一定会有交点。这暗示我们：仅仅依靠曲线 Y 和曲线 X，我们根本无法确定利率。

第二，古典经济学派通常假定：货币数量的增加会立即降低利率水平，或至少在短期内会起到这种效果。但至于为什么货币数量的变动会影响投资需求曲线或者既定收入水平下的意愿储蓄数量，他们却没有给出任何合理的说明。没办法，他们只能在第一卷中的价值论和第二卷中的货币论，对利率的决定问题分别进行讨论。他们似乎并不因这种分而论之的做法感到不安，而且据我所知，他们也没有准备将这两套涉及利率的分析联系起来。而古典经济学派的后人看到了这一点，我们可以称之为“新古典经济学派”，他们试图弥补这一理论的缺陷。但是，他们的做法只会让事情更糟糕。因为，按照他们的说法，投资的需求必定可以通过两种途径得到满足：第一种途径是人们

① 参见本书原版第十三章。

的正常储蓄，也就是古典经济学派所谓的储蓄；第二种途径是由于货币数量的增加所带来的储蓄（如可以通过对公众的征税实现，这类储蓄可以被冠以“强制储蓄”或类似的名称）。于是，便产生了“自然利率”、“中性利率”① 或“均衡利率”这类概念。这类利率是使正常储蓄满足投资需求的利率，与强制储蓄无关。最后，他们想出了一个最简便的解决方案（假定他们从一开始就是对的）：别管出现什么情况，都假定货币数量保持不变。因为只要假定货币数量不变，则投资超过正常储蓄带来的种种弊端就不存在了。但是，在这一点上，我们已不能自拔。“野鸭已经潜到水底，这是它能下潜的极限，而且死命咬着水底的野草、蔓茎、垃圾，现在急需一条非常聪明的狗跳下去，把这只笨鸭子捞上来。”

因此，传统的分析方法错就错在，它没有找准经济体系中的自变量。储蓄和投资不是决定经济体系的因素，而是由经济体系决定的结果。消费倾向、资本的边际效率和利率才是真正决定经济体系的因素，而消费和投资不过是这三个因素的伴生结果。当然，这三个因素本身就很复杂，而且每一个因素都会由于其他两个因素的预期变化而发生变化。但是，受其他因素的影响并不意味着可以由其他因素推算而出，所以从这个意义上讲，它们仍然是自变量。传统的分析方法看到了储蓄取决于收入，但忽视了收入取决于投资的事实。因此，当投资改变时，收入必然改变，而且收入改变的程度，就是使“储蓄的改变适应于投资的改变”的程度。

另外一些理论，试图从“资本的边际效率”推算利率，也没有取得什么成功突破。虽然在均衡时，利率会等于资本的边际效率，否则

---

① 当代经济学家持有的“中性利率”的概念，既不同于庞巴维克的“自然利率”，也不同于威克塞尔（Wicksell）的“自然利率”。

受利得利亏的影响，投资量会调节到资本的边际效率等于利率的一点（所以要注意，资本的边际效率和利率具有同等的地位，二者之间不存在决定与被决定的关系——译者注）。因此，要想将此作为利率理论，试图通过资本的边际效率推导出利率，则必犯循环推导的错误。马歇尔一开始就是这样做的，但好就好在，思考到一半的时候[①]，他意识到了这个问题。因为，资本的边际效率的取值部分取决于当期投资的规模，但只有在我们事先知道利率水平的前提下，我们才能计算出当期投资的规模。至此，我们可以得出一个重要结论：在新增投资产出的影响下，资本的边际效率将等于利率。但是，资本的边际效率并不能告诉我们，利率会处于什么水平，它只能告诉我们，在给定利率水平的条件下新增投资的产出需要被推进到什么水平。

读者应该意识到，我们在这里讨论的问题，无论从理论层面看还是从实际层面看，都非常重要。传统的经济理论作为那些务实的经济学者建言献策的基础，它们总是假设：如果其他条件不变，减少消费将降低利率水平，增加投资将提高利率水平。但想过没有，要是储蓄和投资决定的不是利率水平而是就业总量，那又会怎样呢？显然，我们对经济体系运行机制的看法将会发生深刻的变化。原来，我们可能把消费意愿的减少当作增加投资的因素，而现在，它将变成减少就业的因素。

---

① 详见本章附录。

附录：论马歇尔《经济学原理》、李嘉图《政治经济学原理》以及其他著作中的利率论

第一节

在马歇尔、埃奇沃思或庇古教授的著作中，对于利率都没有进行比较连贯的讨论，他们只是随便提了几句而已。除了我们上面（本书原版第 139 页）引用过的论述外，马歇尔关于利率的重要观点，恐怕只能在其《经济学原理》（第六版，第 534 页和第 539 页）的第六编中才能窥见一斑。而该段论述的主旨可以表述如下：

“利息，作为任何市场中因为使用资本而支付的代价，其水平会趋于一个均衡点，而在该点的利率水平上，市场中对资本的总需求量将等于资本的总供给量[①]。如果我们考察的市场规模很小，比如单指一个小城镇或经济发展中的单个行业，当人们对于资本的需求增加时，该需求增量能很快被从其他领域或行业游离出来的资本所满足。但是，当我们将全世界或某个较大的国家作为一个统一的资本市场时，则当利率水平作出适当变动后，此种情况下的资本总供给量就不

---

① 需要注意的是，马歇尔在这里用的是“资本”一词，而不是“货币”，而且用的是资本的“供给量”，而不是资本的“借贷量”。然而，利息通常是在借贷行为中支出的。从这个意义上讲，“对资本的需求”可以被理解为是“为了购买资本品而对贷款的需求”。而促使资本品供求相等的是资本品的价格水平，而不是利率水平。利率水平指的是，能使经济中关于借贷货币（即债务）的需求量和供给量相等的数值。

可能像以前一样作出迅速的反应。考虑到，资本量是劳动、等待、再劳动[①]和再等待（利率水平上升对此有刺激作用）……的产物，但短期内，此类再劳动和再等待的数量不会比现有的劳动和等待的数量高到哪去。因此，当人们对于资本的需求量普遍大量增加时，短期内，其供给量的增加是有限的，这时的利率一般会作出较快的上升趋势以抵消部分需求增量[②]。而随着利率的上升，资本会陆续从其边际效率最低的用途中撤离出来。因此，利率的上升只会缓慢地、逐渐地增加资本的存量”（马歇尔，《经济学原理》，第六版，第593页）。

“反复强调‘利率’对既有资本投资的影响有限是不妥的[③]。比如，我们可以这样说：一个国家所有的交易资本加在一起大概有70

① 这里通常假设收入水平是保持不变的。但我们并不清楚，利率的上升是不是真的能引发劳动数量的增加。难道是因为，利率的上升使得储蓄更加有利，进而人们愿意。提供更多的劳动，但同时利率的上升还被看作是近似的实际工资水平的提高，所以各种生产要素的持有者都乐意接受较低的工资水平吗？我想，这接近于D. H. 罗伯逊先生心中的想法。当然，“此类再劳动和再等待的数量不会比现有的劳动和等待的数量高到哪去”，因此要想用这个因素解释投资量的实际变动，那将是不可靠的，甚至是荒谬的。我想，该段引文的后半部分应该这样写：“如果受资本的边际效率提高的影响，人们对资本的需求普遍大量增加，但这种增加并没有因为利率水平的上升而全被抵消掉，则资本品的生产将增加，就业量会增加，收入水平也会提高，而这引起的再等待（以货币计量）的数量恰好会等于当期资本品增量的价值（这是就业量增加而收入水平提高的结果）。”

② 这部分需要不是可以由资本品的供给价格的上升满足吗？如果“人们对于资本的需求量普遍大量增加”真的是由利率水平的下降引起的，则我认为，这部分引文应该这样写：“既然人们对资本品的需求增量一时无法由供给的增加来满足，则在投资没有大规模实质性变化的情况下，资本品的供给价格必须上涨一定程度，以使资本的边际效率等于利率水平。而与此同时（情况总是如此），那些用于生产资本品的生产要素将被投入到在新情况下资本的边际效率最高的资本品生产中去。”

③ 其实，我们压根就不应该这样说。因为，别管是为了购买新的资本投资品，还是旧的资本投资品（或出于其他目的），只要我们的资金是通过借贷的方式筹集的，那么利率就不可能不产生影响。

亿英镑，其年净收益率大约为3%。尽管这样的说法有其方便性和合理性的一 面，但它毕竟是不准确的。我们应该这样说：在各行业新增资本投资（指边际投资）的年净收益率大约为3%的情况下，如果将各行业持有33年的投资收益按照3%的水平折现的话，净收益总额大概有70亿英镑。因为，资本一旦投入到了土地的改良、房屋的建造、铁路的修建或机器的生产中，它的价值量便只能由其预期的未来净收益（或准地租）的折现值计量。因此，如果一项投资预期的未来获利能力下降了，则其价值量必定会随之减少，因为计算折现值时的分母变小了”（马歇尔，《经济学原理》，第六版，第593页）。

庇古教授在其《福利经济学》（第三版，第163页）中曾这样写道：“人们对于‘等待’的本质存在不少误解。有人认为‘等待’意味着提供货币，有人认为‘等待’意味着提供时间。基于这两种说法，于是有人说，‘等待’对于国民收入毫无贡献。但其实，这两种说法都不对。实际上，‘等待’仅指人们推迟现在本可以享受的消费而已，于是那些已被消耗的资源转变成了生产的手段[①]……因此，‘等待’的计量单位是特定资源（如劳动力或机器设备）在特定时间内的利用量[②]……更一般的形式是，我们可以说，‘等待’的计量单位是‘年值单位’（year-value-unit），如果要求不那么严格，我们也可以用卡赛尔博士的说法，‘等待’的计量单位是‘年英镑’（year-

---

① 此处行文模棱两可，它到底是说，延迟消费一定会产生这种效果呢？还是在说，延迟消费只会腾出部分资源，但至于这些资源能不能被利用则要视情况而定呢？

② 但要注意，省下来的钱不是可能会用于消费而是肯定不会用于消费，所以“等待”的回报不是利息而是准租金。这句话似乎暗指：腾出来的资源必定会被利用。但问题是：要是腾出来的资源没有被利用，那“等待”还有什么报酬可言呢？

pound）……人们一般认为，每年的资本积累量必然等于当年的储蓄量，对此观点我们要谨慎看待。因为，这种说法是不对的。即便将储蓄理解为净储蓄，即排除一个人的储蓄会被以借贷的方式被另一个人用于消费的情形，并忽略未被使用的购买力暂时以银行存款形式存在的储蓄部分，这种说法还是不对的。因为，很多储蓄本想转化为资本，但最终却误入歧途，用在了一些具有浪费性质的方面①。”

庇古教授唯一论及利率水平决定因素的地方，我认为，在其《产业波动》（*Industrial Fluctuations*，第一版）一书的第 251—253 页。在那里，他不同意下面的观点：利率水平由实际资本的供求状况决定，所以中央银行和其他任何银行都无法控制它。对于这种观点，庇古给出了自己的看法：“我已经在本书第一编第十三章②说得很清楚了，银行为工商从业者创造了更多的信用，但与此同时，银行家也获得了利益，因为创造信用的时候他们向工商从业者强制征收了一种“实物税”（levy of real things），从而增加了实际资本的可用量，进而引发了

---

① 从这段论述里，我们并没有被告知：在忽略那些使用不当的投资部分，但考虑那些“未被使用的购买力暂时以银行存款形式存在的储蓄部分”时，净储蓄量到底等不等于资本的增量。但庇古教授在《产业波动》一书第 22 页曾明确提到：这样的积累对（他所谓的）“实际储蓄”毫无影响。

② 此处引文（《产业波动》，第一版，第 129—134 页）涵盖了庇古教授关于“银行创造的每笔新信用能给企业家带来多少实际可用资本的增量”的观点。其推理过程由“从银行为工商业创造的流动信誉减去没有银行也会产生的流动信誉”开始，但这之后，他的论证非常晦涩。假设开始时，食利者的收入是 1500 英镑，其中消费为 500 英镑，储蓄为 1000 英镑。后来，因为银行创造信用，其收入减至 1300 英镑，其中消费为 $500-x$ 英镑，储蓄 $800+x$ 英镑。庇古认为，x 代表的就是信用创造活动带来的资本的净增加数量。那么，企业家的收入会增加多少呢？是等于他们从银行的借款数额（减去上面的抵减项），还是等于食利者的收入减少数（即 200 英镑）呢？别管是哪种情形，企业家会将其全部所得用于储蓄吗？投资增量是等于信用创造额减去上面的抵减项，还是等于 x 呢？在最需要说明的地方，庇古教授的论证似乎戛然而止了。

长期以及短期贷款的实际利率水平的下降。总之，银行家期望的利率水平会受到长期贷款的实际利率水平的机械影响不假，但如果想让实际利率水平完全摆脱银行家的控制，那肯定也是不切实际的。

如果对上述几位的观点有不同的看法，我都实时在脚注里作了相关的评论。我发现，马歇尔的观点之所以混乱，基本上是由于他在不涉及货币的论述之中强行引入了一个原本属于货币经济领域的“利率”概念造成的。在马歇尔的《经济学原理》一书中，“利率”一词实在不该出现，因为它属于经济学的另一个分支。庇古教授在其《福利经济学》一书中，让我们觉得，“等待”的计量单位就是当期投资的单位，“等待”的报酬就是准地租，他从来没有提过“利率”一词（也不该提）。这倒和其暗中作出的假定是一致的。然而，这些学者谈论的绝不是一个没有货币的经济（如果真存在的话），他们显然假定了货币以及银行制度的存在。此外，值得一提的是，利率在庇古教授的《产业波动》（主要研究，是什么引起了资本的边际效率的波动）和《失业论》（主要研究，在不存在非自愿失业的假定条件下，是什么决定了就业量的变动）两本书中并不比其在《福利经济学》一书中占的地位差。

第二节

以下摘自李嘉图的《政治经济学原理》（第511页）的引文，可以代表他的利息理论：

“货币的利率水平，别管是5%、3%还是2%，都不可能由银行意愿的贷款利率水平决定，而应该由资本投资的利润率决定，而后者与货币的数量以及价值毫无关系。别管银行的贷款金额是100万、

1000 万还是 1 个亿，它们都不可能永久地左右市场的利率水平，它们只能改变自己发行的货币的价值。情况不同，为完成同一笔经营业务，需要的货币数量可能会相差十倍或二十倍。而借款人向银行申请的借款数量，取决于运用这笔借款可能获得的利润率和银行意愿的贷款利率水平之间的比较。要是银行索取的利率水平低于市场利率水平，则没有银行再愿意贷出款项；如果银行索取的利率水平高于市场利率水平，则恐怕只有挥霍者和败家子才会去贷款。”

李嘉图的表述非常明确，所以同其后的学者的学说相比，它给我们提供了一个更好的讨论切入点。虽然其后的学者也觉得他的学说有欠妥之处，但他们显然没有真正摆脱李嘉图的影响，所以他们选择了含糊其词以寻求掩饰。和李嘉图一样，以上引文都应该解释为是说明长期情况的学说，其着重点在“长期”一词。下面我们要看一看这些学说赖以成立的假设条件。

这些条件就是古典经济学派通常的假设条件，即经济总是处于充分就业的状态，以产品计量的劳动的供给曲线没有变化，经济达到长期均衡时只有一个可能的就业水平。在这一假设条件下，再加上心理倾向和预期不变的假设条件，则李嘉图学说可以成立。也就是说，在这些假设条件下，只存在一个利率水平与长期充分就业状态相适应。但李嘉图及其追随者忽视了一点，即长期就业并非必然是充分的，它也是可变的。而有一个银行政策，就有一个不同的长期就业水平与之相对应。故与货币当局不同的利率政策相适应，经济存在一系列长期均衡点。

如果货币当局的金融政策旨在维持特定量的货币，则在此种情形之下，只要假定货币工资有很大的伸缩性，则李嘉图的学说仍能成立。也就是说，别管货币当局把货币数量固定在 1000 万还是 1 个亿的水平，利率水平都不会发生永久性的变动，李嘉图的结论仍能成立。如果货币当局的政策是增加或者减少货币数量，即通过改变贴现率或者公开市场操作的方式增加或减少资产所要求的利率水平（李嘉图在上面清楚地说过，这就是他所谓的货币政策），则货币当局的政策既非毫无作用，但也不是唯一符合长期均衡的政策。如果一旦存在非自愿失业，失业者就进行无谓的激烈竞争，同意无限制地削减工资，以期获得工作，则在这种极端情况下，经济只存在两种可能的长期均衡状态：充分就业水平或流动性偏好无穷大时的就业水平（此就业水平要小于充分就业水平）。假设货币工资具有伸缩性，则从长期来看，货币数量的变化的确毫无作用，但这毫不影响货币当局改变货币数量的行为成为经济体系内的一个决定性因素。

有一点值得注意：从上述引文的结尾几句来看，李嘉图似乎忽略了一点，那就是，资本的边际效率会伴随投资量的改变而改变。在这一点上，同其追随者相比，李嘉图学说的内部机构显得更紧密。因为，在假定就业量以及社会整体的心理倾向保持不变的情况下，资本积累率确实只有一个，因此资本的边际效率的取值也只有一个。我们可以看到，李嘉图的智力水平是相当高的，远非其他人所能比拟—— 他娴熟地创造了一个源于现实却又高于现实的假想世界，并能始终如一地生活其中。相比而言，多数追随李嘉图的学者的能力就没有这么强了，他们往往会在现实世界和假想世界间徘徊，而这会损害其学说的逻辑一致性。

第三节

凡·米塞斯（Von Mises）教授曾提过一个奇特的利息理论，为哈耶克（Hayek）教授以及（我认为）罗宾斯（Robbins）教授所采纳。

该理论认为：利率水平的变化可以看作是“消费品的物价水平”相对于“资本品的物价水平”的变动①。我们不清楚该结论是怎样得到的，但其论证过程似乎如下：先用假设条件将情况变得极其简单，然后再用“新增消费品的供给价格”去比“新增资本品的供给价格”，而该比值衡量的就是资本的边际效率②，然后再将该比值和利率等同起来。这个事实使我们注意到：因为利率水平的下降是有利于投资的，所以“消费品的物价水平”相对于“资本品的物价水平”的下降也是有利于投资的。

通过这种做法，个人储蓄的增加便和总投资的增加联系了起来。因为，人们一般认为：个人储蓄的增加会使消费品的价格下降，且其下降的幅度很可能大于资本品的价格下降的幅度。而按照上面的推理：这意味着利率水平的下降，进而会刺激投资的增加。当然，特定资产的边际效率的降低引发的资本的边际效率的整体降低，其效果正好会与上面假想的情况相反。因为，对投资来说，资本的边际效率的提高和利率水平的降低的效果是一样的。因为混淆了“资本的边际效率”和“利率”，所以凡·米塞斯教授和他的学生得出了与事实相反的结论。下面援引阿尔文·汉森（Alvin Hansen）教授的话，就是描述此类混淆的最好例证③：“有些经济学家认为，减少消费的净影响是降低消费品价格的水平，进而固定资本投资的动机会受到削弱。但这

① 详见《货币与信用理论》（*The Theory of Money and Credit*），第 339 页及其他部分，尤其是第 363 页。

② 在长期均衡中，或许其他特殊假设条件下，这种说法有可能是对的。但是，如果我们讨论的是经济萧条下的物价水平，则简单地假定企业家在形成自身预期时，会认为这些价格是持久不变的，那肯定是不对的。而且，如果企业家真的是这样做的，则现有资本品存货的价格将与消费品的价格同比例下降。

③ 参见《经济的重构》（*Economic Reconstruction*），第 233 页。

种观点是不对的。因为它混淆了消费品价格水平的高低对资本形成的影响和利率的变化对资本形成的影响。显然，消费的减少和储蓄的增加都会使消费品的价格水平相对低于资本品的价格水平。但投资的增加却是因为更低的利率水平，因为较低的利率水平会刺激那些在较高的利率水平时无利可图的资本投资。”

第十一章　流动性偏好的心理和商业动机

第一节

在本书第九章，我们已经对流动性偏好问题作过初步的分析，现在我们要对它进行更为详尽的分析。本章要讨论的流动性偏好问题同货币的需求问题，在本质上是一致的，而且它同所谓的货币的收入流通速度（income－velocity of money）也关系密切——因为货币的收入流通速度，衡量的就是公众准备将其收入以现金形式持有的比例。因此，货币的收入流通速度的提高可以被看作是流动性偏好降低的信号。但是，流动性偏好又不能等同于货币的收入流通速度，因为个人在流动性和非流动性之间进行的选择，对象是其积累的储蓄，而不是收入。而且，别管怎么说，“货币的收入流通速度”一词本身就容易产生歧义，它会错误地让人以为货币的需求总量与收入成一定的比例，或与收入有某种确定的关系。我们将看到，上述比例和关系只能决定公众持有现金的一部分。而且，很显然，它忽视了利率在其中所起的作用。

在《货币论》一书中，我对货币的需求总量也作过相应的研究，当时我将人们的存款形式分为三种：收入存款（income-deposits）、商业存款（business-deposits）和储蓄存款（savings-deposits）。而在本书中，我想没有必要把该书第三章中的分析内容进行重述。但要注意：别管出于这三种目的中的哪一个，人们持有的货币数量都不是截然分开的，它们是汇集在一起的。因此，在人们看来，根本没有必要对上述三种目的进行严格的区分。所以，持有同一笔款项，可能兼有两种或多种目的，只不过这些目的有主次之分罢了。因此，把个人在一定情况下对货币的总需求作为一种决策，也未尝不可，甚至有可能更好，虽然这个决策仍是多种动机相互作用的结果。

但是，为了研究的方便，对这些动机进行分类还是很有必要的。第一类大致对应于上述的收入存款和经营存款，第二类和第三类对应于储蓄存款。在本书的第九章中，我将这三类动机分别称之为交易动机、谨慎动机和投机动机，而交易动机可以进一步划分为收入动机和商业动机，所以流动性偏好的动机可以被区分为以下四种类别：

（1）收入动机（Income-motive）。作为持有现金的理由之一，其目的是为了在两次收入之间偿付开支。例如，每个人必须从每月的工资中拿出一部分现金，用来支付日常生活的费用。收入动机对人们持有现金的决策的影响，主要取决于每次的收入量以及收入和支付之间的期限长短。而前面提到的“货币的收入流通速度”的概念，指的就是收入动机的情形。

（2）商业动机（Business-motive）。同样道理，企业也必须持有一定量的现金，以便在收到销售价款之前支付业务开支。例如，工资、水电费、运输费等。经营者为了应付进货和销售之间这段时间的支付而持有现金的情况，也属于这一类。商业动机对人们持有现金的决策的影响，主要取决于当期产出的价值（即当期收入）以及产品需要经过几道手才能到消费者手中。

(3) 谨慎动机 (Precautionary -motive)。其目的在于，应付突然的支出和未能遇见到的有利的购买机会。既然现金是一种货币价值不变的资产，因此用现金偿付货币价值不变的未来债务，相比而言也更加便利，这可以作为持有现金的另一个动机。

以上三种动机的强弱，与获取现金的便利程度以及便宜程度有一定的关系，如各种各样的短期借款的方式，其中透支尤其重要。因为，如果需要现金时能很方便地得到，则我们就没有必要手头持有闲置的现金。另外，这三种动机的强弱，与持有现金的相对成本的大小也有一定的关系。因为，一旦选择持有现金便不能再购买可以生息的资产。所以，持有现金的相对成本的增加必将减弱这种持有现金的动机，反之亦然。但除非持有现金的成本发生了很大的变动，否则这只能是一个次要的因素。

(4) 投机动机 (Speculative -motive)。这是最后一个动机，但也是最重要的一个动机。我们准备对它进行比其他三类动机更详尽的考察。原因有两个：第一，人们对这个动机缺乏了解；第二，它在货币数量的改变所能产生的影响中，起着重要的传导作用。

正常情况下，为满足交易动机和谨慎动机所需要的货币数量，大致取决于经济体系的整体形势以及货币收入的水平。但正是由于投机动机的存在，才使得对货币数量的控制（或在没有控制的情形下，货币数量的变动）可以影响整个经济体系。因为，为满足交易动机和谨慎动机所需要的货币数量一般不会发生太大变化，除非整个经济形势和收入水平发生了很大的变化。而经验告诉我们：投机动机则不同，为满足它而需要的货币数量总是随利率水平的变化而变化。也就是说，我们可以画出一条连续的曲线来表示二者的关系，而其中的利率我们可以用“由不同期限的债券和债务价格组成的集合”来表示。

如果现实情况不是这样的话，“公开市场操作”（open market operations）便不再具有可操作性。我曾经说过：经验表明，上述连续关系确实存在，因为在正常情况下，银行系统可以在合理的数量内出高价用现金回购公众手中的债券，也可以出低价将自己手中的债券出售给公众以换取现金。而且，银行回购（或出售）债券的数量越大，经济系统中现金增加（或减少）的数量就越大，进而利率水平下降（或上升）的幅度就越大。然而，当公开市场操作仅限于短期债券的买卖时（像美国在1933—1934年那样），它对短期利率水平的影响会很大，而对那些更为重要的长期利率水平的影响却很小。

在讨论流动性偏好的投机动机时，区分引起利率变动的两种情形非常重要。第一种是，在流动性偏好曲线不变的条件下，用于满足投机动机的货币供给量的变动造成的利率变动；第二种是，由于相关预期发生变动，影响到流动性偏好曲线本身，进而造成的利率变动。很显然，公开市场操作可以通过以上两种情形对利率水平施加影响，因为它不仅可以改变经济系统中的货币数量，而且还能改变人们对中央银行或政府未来的政策的预期。由于市场内的信息多种多样，有真有假，所以人们的预期会经常改变，其表现形式就是：流动性偏好曲线的变动是不连续的，进而利率水平的变动也是不连续的。而且，只有在不同的人对市场信息的变化有不同反应的时候，或者市场信息的变化对不同人的利益的影响不同时，债券市场交易才有其存在的空间。如果对于市场信息的变化，人们的判断和反应都相同，则利率（用债券价格表示）会立即调整到符合新的经济形势的水平，因而人们根本无需再进行任何市场交易。

因此，最简单的情形就是假设：每个人都相似，而且处境也相似。所以，任何环境或者预期的变化都不会造成货币的任何转手，而只会引起利率水平的必要变动。而且，利率水平变动的程度恰好足以抵消每个人在原来的利率水平下，为适应新的环境或预期而改变持有现金数量的欲望。而且，由于每个人对利率水平变动的反应都相同，因而不会发生任何现金转手的交易。在每一种新环境或者预期下，都会有一个适当的利率水平与之对应。而且在环境或者预期发生变化时，利率都能调整到与之对应的水平，因此便不存在人们改变现金持有量的问题。

然而，通常情况下，环境或者预期的变化，会带来个人改变现金持有量的问题。因为，事实上，人们对环境或者预期的变化的反应是不同的。因为人们的处境不同，持有货币的理由不同，对新情形的认识和解释也不同。因此，利率水平的均衡调整和货币持有量的再分配是同时进行的。尽管如此，我们仍需要把重点放在利率的变化上，而不是现金持有量的再分配问题上。后者是由于个体间的差异而产生的偶然现象，而在上述最简单情形下出现的才是本质现象。而且，即便在通常情况下，人们对市场信息的变化作出的反应也主要表现在利率水平的变动上。正像报纸经常所说的："债券价格的变动与市场交易量的变动不成比例"——这正是应该出现的现象，因为人们对市场信息的反应，相似之处要远大于不相似之处。

第二节

尽管一个人为满足交易动机和谨慎动机而持有的现金数量，和为满足投机动机而持有的现金数量并非一点关联都没有，但我们仍可以大致认为二者几乎是完全无关的。因此，我们下面的分析将按照这种做法进行下去。

设 M_1 代表为满足交易动机和谨慎动机而持有的现金数量，M_2 代表为满足投机动机而持有的现金数量。与此两部分现金相对应，我们可以构造两个流动性偏好函数 L_1 和 L_2。L_1 主要取决于收入水平 Y，L_2 主要取决于当期利率水平 r 和预期状态之间的关系。则可以得到公式：

$$M = M_1 + M_2 = L_1(Y) + L_2(r)$$

其中，L_1 代表以 Y 作为自变量的函数，它决定 M_1 的取值；L_2 代表以 r 为自变量的函数，它决定 M_2 的取值。由此，我们有三个问题需要研究：（1）Y 和 r 取值的变化和 M 取值的变化之间的关系；（2）什么因素决定了函数 L_1 的形状；（3）什么因素决定了函数 L_2 的形状。

首先，我们要讨论“Y 和 r 取值的变化和 M 取值的变化之间的关系”问题。在这之前，让我们先看看 M 是如何变化的。假设 M 由金币构成，则 M 的改变只能由开采金矿而来，而金矿开采者又属于我们研究的经济体系范畴。则在这种情形下，M 的变化必然直接引起 Y 的变化，因为新开采出来的黄金自然会成为某些人的收入。这同样适用于政府为满足其当期开支而增印货币进而导致 M 取值改变的情形，因为在该情形中，新发行的货币自然也会成为某些人的收入。但由于 M_1 不能全部吸收 M 的增量，所以新的收入水平不会维持在很高的水平。而未被 M_1 吸收的新增货币就必须在其他方面寻求出路，即通过购买证券或者其他资产促使 r 下降，进而使得 M_2 增加；与此同时，r 的下降还会刺激 Y 的上升，进而 M_1 还会增加，最终 M 的全部增量将由因收入而增加的 M_1 和因利率下降而增加的 M_2 全部吸收。可见，这种情形相当接近于另一种情形，即要想增加流通中的货币，则银行系统需要先放松信用条件，以促使一些人将债券出售给银行以换取另外的现金。

因此，我们完全可以把第二种情形作为一种典型情况看待。我们可以假定：M 的变化是由 r 的变化引起的，而 r 的变化一方面会引起 M_2 的改变，一方面又会通过 Y 的变化而引起 M_1 的变化，最终 r 会达到新的均衡状态。在这个新的均衡状态下，新增现金总量在 M_1 和 M_2 之间的分配将取决于投资对利率降低的反应程度，以及收入对投资增加的反应程度①。由于 Y 的值部分取决于 r 的大小，因此当 M 改变一特定量时，r 也必须作出相应的改变，以使得 M_1 和 M_2 的增量之和正好等于 M 的增量。

其次，我们要讨论“货币的收入流通速度”问题。而至于“货币的收入流通速度”是指 Y 与 M 的比值，还是 Y 与 M_1 的比值，过去的讨论是模棱两可的。而我主张使用第二个含义。因此，假设 V 代表货币的收入流通速度，则可以得到公式：

$$L_1(Y) = \frac{Y}{V} = M_1$$

当然，我们没有理由认为：V 的取值是固定不变的。V 的取值取决于很多因素，诸如银行业和工业的组织特点、社会习惯和收入在各阶层之间的分配方法以及持有闲置现金的实际成本等等。但如果我们的研究限于一个非常短的时期，则我们完全可以把 V 作为一个常数来看待，因为短期内上述因素发生实质性变化的可能性极小。

最后，我们要讨论“M_2 和 r 之间的关系”问题。在本书的第九章，我们看到：人们之所以会有 M_2 这种持有现金的流动性偏好，其唯一合理的解释就是：人们对未来利率的水平具有不确定性（uncertainty）的预期。而且，M_2 和 r 之间没有一一对应的关系，即给定 M_2 的取值也不一定能找到与之对应的 r 的取值——在这里，人们关注的

① 至于新的均衡状态是如何实现的，我们留待本书第四编再作讨论。

不是 r 的绝对值，而是根据概率论计算出来的较安全的 r 的相对值。尽管如此，在既定的预期状态下，我们仍可以认为 r 的下降会引起 M_2 的上升。理由有两个：第一，如果通常认为的较安全的 r 的取值不变，则 r 的每一次下降都将是相对于“安全利率”的下降，从而放弃流动性偏好的风险将增大。第二，r 的每次降低都会减少放弃流动性偏好的当期回报，这种回报可以视为一种“保险赔偿金”，用以补偿资本投资可能蒙受的损失，当期回报减少的数额等于新旧利率值的平方差。举个例子，假设长期债券的利率值为 4%，则每年的利息收入所能弥补的资本投资的损失为 0.16%；而如果利率值下降到 2%，则每年的利息收入所能弥补的资本投资的损失降至 0.04%。可以看出来，当期回报减少了 0.12%，减少的数额正好为新利率值 2% 和旧利率值 4% 的平方差。也许，这就是利率水平不可能一直下降到极低水平的主要原因。因为，除非人们有理由相信未来的情况会和过去大不相同，否则，当长期利率水平已经降至（比方说）2% 时，利率水平上涨的可能性就非常大，利率水平继续下降的可能性就非常小，而且利息所能补偿的资本投资的损失也将微乎其微。

很明显，“利率”是一个受心理作用影响很大的事物。在本书的第四编中，我们将看到：在均衡状态时，利率水平不可能低于充分就业状态时的水平。因为，当利率水平低于充分就业时的水平时，真正的通货膨胀就会出现，虽然现金的数量会不时增加，但它会被 M_1 完全吸收。可是利率水平高于充分就业时，则长期利率的水平将不仅取决于货币当局的现行政策，还将取决于市场对货币当局未来政策的预期。对货币当局而言，短期利率水平比较容易控制。原因有两个：第一，短期内，货币当局可以很容易使人们相信，其政策不会发生很大的变化；第二，这时为了保持流动性而承受的，以丧失利息为代价的损失会很小（除非利息几乎为零）。当长期利率下降到一定水平，使得人们根据过去的经验和对未来货币政策的预期都认为“不安全”时，货币当局就很难控制它。例如，对一个实行金本位货币政策的国家来讲，当其国内利率水平低于其他国家的利率水平时，这会被视为是该国国民缺乏信心导致的后果；但当把该国的利率水平提高到金本位国家内最高的水平（剔除风险因素之后）时，这又将远远高出与本国充分就业状态相适应的水平。

因此，如果一个货币政策在公众看来是临时的或不稳定的，则它不可能使得长期利率水平降低很多，因为，在 r 降至某个水平以下时，M_2 可能会无限增加。相反，如果一个货币政策在公众看来合理的、可行的、合乎公众利益的，而且政府公信力很高，政局又很稳定，则它将易于达到预期的效果。

前面我们说过，“利率”是一个受心理作用影响很大的事物，但现在看来，这种说法不够准确。更准确的说法应该是：利率是一个高度遵循成规的产物。因为，实际的利率水平在很大程度上取决于人们普遍认为的它应该处于的水平。任何利率水平，只要人们认为它会保持不变，它就真的会保持不变。当然，在一个动荡的社会，受种种原因的影响，实际利率水平会围绕人们预期的正常水平上下波动。特别是当 M_1 的增长快于 M 的增长时，利率水平将趋于上升；反之，利率水平将趋于下降。这种上下波动的情况可能会持续几十年之久，而且人们预期的利率正常水平可能远远高于充分就业时的水平。特别是当人们普遍认为利率可以自行调节的时候，这种情况尤其明显。那时，不管是公众还是管理当局，都不会将就业量没有达到最优取值的问题归咎于利率处于不合适的水平。因为，在他们看来，实际利率水平完全是由客观因素决定的。而他们不知道，这个客观因素其实就是他们遵循的社会成规。

现在，读者们应该很清楚，为什么有效需求总是不足以促使经济达到充分就业状态。原因就是：受社会成规的影响，长期利率水平非常稳定，而资本的边际效率却表现得非常不稳定。

但有一点值得我们欣慰，那就是：既然社会成规并不基于确切的知识，所以它应该不会总是与货币当局意愿一贯执行的政策相悖。舆论应该能逐渐接受利率水平温和下降的事实，而人们对于未来的预期也会发生变化，进而会形成新的社会成规。在一定的限度内，这样的过程会进行下去。英国在放弃金本位后，长期利率水平逐渐下降的事实就是对上面最好的例证——但是，利率水平的下降需要几个步骤才能实现：受市场信息和当局政策的影响，利率水平会下降，进而公众的流动性偏好函数会逐渐与之相适应，而在新的市场信息和当局政策的影响下，以上过程会循环进行下去。

第三节

综上所述，我们可以总结出一个命题：假定预期状态不发生变化，则除了交易动机和谨慎动机之外，在公众心目中，还有一个持有现金的潜在意愿。而这一潜在意愿要想转化为现实，则要受到货币当局创造货币的意愿的影响。我们在前面提到的流动性偏好函数 L_2 要表示的就是这种潜在意愿。

而且，在其他条件不变的情况下，如果货币当局创造的货币数量已知，则有且只有一个利率水平与之相对应（更严格地说，应该是一个包含各种期限债券利率水平的利率族）。不单单货币是这样，把经济体系中的任何一个因素拿出来，都会与利率水平有关。因此，除非货币数量的变动和利率水平的变动之间有着某特殊的直接联系，否则对二者的研究将失去意义和作用。我们之所以会认为，货币数量与利率水平之间有着特殊的联系，都是源于这样一个事实：一般来说，银行系统和货币当局充当的是货币和债券的交易者，而不是资本品或消费品的交易者。

如果货币当局准备根据一定的条件，买卖各种期限的债券或者买卖各种风险程度的债券，则利率族和货币数量之间便有了直接的联系。利率族反映的是银行系统愿意买卖债券的条件，而货币数量反应的则是个人愿意持有的现金数量，即个人在考虑各种情况之后，不愿依照市场利率水平购买债券，而宁愿持有具有流动性的现金的数量。在货币管理的技术上，最重要的也是最可行的操作，恐怕就是按照中央银行发布的利率族买卖金边债券，而不是按照一家银行发布的利率买卖短期票据。

可是，从现在的实际情形来看，银行系统决定债券价格的“有效”程度，在不同的情况下是有差异的。有时银行对债券价格的控制力量，在一个方向上比在另一个方向上有效。例如，银行系统可能会按照一定的价格购买债券，但不必在买进价格上加上少量的手续费就作为卖出价。然而，并没有什么理由可以说明，银行为什么不能借助公开市场操作使自己制定的价格在两方面都有效。然而，这里还有一个重要的限制，那就是，货币当局通常并不会同等地看待不同期限的债券。在实际操作中，货币当局的交易主要集中在短期债券，并且希望短期债券的价格能够影响长期债券的价格。尽管这种影响可能是滞后的、不完美的，而且货币当局也没有必须要这样做的理由。如果考虑到上述限制，则利率水平和货币数量的关系便不再那么直接了。在英国，有关当局有意控制的范围似乎在扩大。但是，要想把此处的理论应用于实际，则必须顾及货币当局各种控制方法的特点。如果货币当局只进行短期债券交易，则我们就必须考虑，短期债券的价格（现在以及将来）会对长期债券的价格产生什么影响。

货币当局在为不同期限和风险的债券确定利率水平时，会受到以下四种限制：

（1）货币当局本身只愿意买卖某种特定类型的债券的限制。

（2）根据以前的分析，我们知道，当利率下降到一个特定水平时，流动性偏好将变成几乎是绝对的，因为债券提供的利率太低，以至于每个人都宁愿持有现金而不愿意持有债券。在这种情况下，货币当局可能会失去对利率的控制力。虽然这种极端情形在将来可能发生，但到目前为止，我还不知道有这样的实例。由于多数货币当局不愿大胆地买卖长期债券，因此也就没有多少机会来对上述情况进行检验。如果这种情况真的出现了，政府完全可以通过按照名义利率向银行系统借款的方式获得无限量的货币，而不必从公众手中取得货币。

（3）由于流动性偏好曲线变成了一条垂直线或水平线，以致利率的弹性变得极小或极大。这种情况曾经在极不正常的状态下出现过。世界大战之后的俄国和中欧地区，就曾出现过流动性偏好曲线变成一条垂直线的情况。当时，别管什么样的条件都无法诱使人们持有货币或者债券，在货币会进一步贬值的预期下，利率水平虽然很高但仍不及资本（特别是囤积商品）的边际效率的上涨幅度。而在1932年的美国，曾出现过流动性偏好曲线变成一条水平线的情况。与战后的俄国和中欧地区的情形正好相反，在这场金融危机（也可称之为清算危机）中，别管出现多么合理的条件都无法诱使人们将持有的货币转手。

（4）在本书第七章第四节（第67页），我们曾讨论过一个问题

——利率水平的下降有一个极限，这种情况在利率水平本身很低的情况下尤其明显。因为，要想把借款人和最后贷款人撮合到一起，必会花费一些中介费用，而且贷款人必定要求在纯利率水平之上再加上一点，用以弥补风险，特别是道德风险。而且，当纯利率水平下降时，中介费用和风险补偿未必同时下降。因此，典型的借款人需要支付的利率，其下降速度要比纯利率慢，而且在现有银行和金融体系下，利率也不能低于某个特定水平。如果对于道德风险的估计相当高，则这一点就特别重要。如果贷款人对借款人的诚信度持怀疑态度，则即使借款人的诚信度实际并不低，也无法降低贷款人要求的高利率水平。这一点在短期贷款（如银行信贷）中也很重要，因为这种借款的费用通常很高，即便纯利率水平为零，贷款人也会要求借款人支付1.5%~2%的利息作为报酬。

第四节

我们在这里讨论的问题与货币数量论相关，而货币数量论是本书第十七章的研究对象，但在这里作一简单论述还是有意义的。

在静态社会，即没有人对未来的利率水平有不确定预期的社会，流动性偏好函数 L_2，或贮藏货币的倾向（我们也可以这么说）在均衡状态时总是等于零。所以，在均衡状态下，$M_2 = 0$，$M = M_1$。所以，M 的任何变动都需要利率作出相应的变动，使得收入水平发生变动，进而引起 M_1 发生与 M 同样的变动。如果我们用 O 代表“商品数量”，P 代表“物价水平”，Y 代表“总收入水平”，则 $Y = OP$，而考虑到 $M_1V = Y$（其中，V 代表“货币的收入流通速度”），从而 $MV = OP$——这是传统的货币数量论的公式。上面的论述和传统的货币数量论大致相同[①]。

但在实际应用中，货币数量论有一个致命的缺点，即它没有区分价格的变动是由产量的变化而引起的还是由工资单位的变化引起的两种情况[②]。而出现这种错误的原因大致是，我们假设了没有贮藏货币的倾向，还假设充分就业总是存在。因为如果是这样的话，则 O 将为常数，M_2 将为零，而如果我们再假设 V 也是常数，则工资单位和价格水平都将与货币数量成正比例关系。

① 如果我们不把 V 定义为 $\frac{Y}{M_1'}$ 而定义为 $\frac{Y}{M'}$ 则货币数量论将更准确，而这样做并没有多大差别。

② 详细论述参见本书的第十七章。

第十二章　关于资本性质的几点观察

第一节

什么是储蓄？打个比方，储蓄就像是“决定今天不吃晚饭”。而在一个星期或一年之后，或者以后的某个时期，这部分节省下来的钱会不会花费在吃饭或买鞋上，却不得而知。因此，人们少吃饭的行为会抑制现在的餐饮业，但同时又不会刺激与将来的消费相适应的产业。因此，储蓄并不是将当期的消费需求推迟到以后的行为，它仅仅会导致当期的消费数量的净减少。而且，人们在预期将来的消费数量时，会受到当期消费水平的影响。因此，当期消费数量的减少也会影响到未来的消费数量。最终的结果是：储蓄行为不仅会压低当期消费品的价格，当期资本的边际效率也难逃厄运，后者也会受到储蓄行为的抑制影响。因此，储蓄行为在减少当期消费需求的同时，也会减少当期的投资需求。

如果储蓄在减少当期消费需求的同时，能以“下订单”的方式增加将来的消费需求，则情况将大不一样。因为，在这种情况下，如果预期未来投资的收益会增加，则从当期消费需求的减少中流离出来的资源将转移至为未来消费之用的领域。即使如此，流离出来的资源和准备用于其他方面的资源在数量上未必相等。因为，当期消费需求被推迟的时间可能间隔比较长，以至于投资的效益水平可能低于当期利率水平，进而为将来的消费需求下的订单对当期就业的有利影响不能立即显现出来，而要等到未来的某个日期才能显现出来。最终，生产会以一种“迂回”的方式增加，因此，储蓄即期会对就业产生不利的影响。而事实上，个人在决定储蓄时，并未向将来的消费需求下订单，而只是减少了对当期消费的订单。既然对消费的预期是企业家雇佣劳动力的唯一依据，所以在其他条件不变的情形下，当看到消费倾向的降低会对就业产生不利影响时，也就不足为奇了。

所以事情就有些麻烦了，因为储蓄本身不会刺激某种特定的额外消费以代替当期的消费；而且即使如此，我们也不能保证源于当期消费减少而产生的储蓄，在数量上一定等于为满足额外增加的消费而需要的投资量。也许，“储蓄”本身只是一种持有“财富”的意愿，为的是能够在未来某个时间进行某种消费。关于储蓄，人们普遍有一个荒谬的认识——对有效需求而言，个人的储蓄行为和消费行为是一样的。而这个错误的认识的来源是另外一个看似更为合理的观点——储蓄的意愿会转化为投资的意愿，进而会刺激产出的增加，因而持有财富和持有投资品的效果是一样的。进而，由于当期消费减少而减少的投资数量，完全可以被用于当期储蓄增加而增加的投资数量抵消。

要想把这个错误认识从人们脑中抹掉是非常困难的。错误的原因在于：人们一般认为财富的持有者想得到的是资本资产本身。但实际上，他们真正想得到的是资本资产的未来收益。然而，未来收益完全取决于预期的未来有效需求和未来供给之间的关系。所以，如果储蓄不能提供未来收益，则也不能刺激当期投资。而且，储蓄已经达到了个人持有财富的目的。因此，资本资产的增加也就失去了存在的必要。正如我们上面提到的那样，储蓄行为具有两面性：一个人在增加储蓄时，必定会迫使其他人把财富（旧的或新的）转移给他，而且他自己也会受到别人进行储蓄的不利影响。这种强迫的财富转移过程是不可避免的，是储蓄本身固有的，是不需要以新财富的创造为前提的。事实上，正如我们看到的，这种转移对财富创造本身非常不利。而话又说回来，要想创造新的财富，则需要新财富的未来收益起码能达到当期的利率水平。可是，边际新增投资的未来收益不会伴随人们增加财富的意愿而增加。因为，边际新增投资的未来收益取决于人们在未来特定时期对特定商品的预期需求数量的大小。

我们不能得出如下结论：财富持有者想要得到的，不是一个特定的预期收益，而是可能的最佳预期收益。因此，当持有财富的意愿增强时，新投资品的生产者满意的预期收益会减少。这个结论是不对的，因为它忽略了一个事实——对新投资品的生产者而言，除了持有真正的资本资产，他还可以选择以货币或债券的形式持有财富。因此，新投资品的生产者满意的预期收益不可能低于当期的利率水平。而我们知道，当期利率水平并不取决于财富持有者的意愿，而取决于持有财富的形态是流动性的还是非流动性的，以及两种财富形态之间的相对供给量。如果读者还不能理解，则只需要问问自己，假设货币数量不变，一个人要想有新的储蓄，在当期利率水平下，是不是必须减少以流动形态持有的财富数量时你就明白了。

如果我们试图进一步探讨这其中的因果关系，则会引发更深层次的思考，而这正是我们下一章要讨论的。

第二节

资本为什么可以带来收益？有人说，是因为它具有生产能力。但这种说法不准确。我认为：正是资本具有某种特性，才使得它在其整个使用期间内能产生超过其原有成本的收益。而这种特性就是资本的稀缺性。而资本之所以是稀缺的，就是因为利率的存在。要知道，当资本变得不再那么稀缺时，投资收益就会减少，但它的生产能力并不会降低，至少在物质形态上是这样。

在古典经济学派之前有这样一种观点，即一切事物都是劳动的产物，对此我持赞同态度。这种观点认为：劳动力是劳动的主体，而劳动是劳动力同技术、自然资源以及资本设备相互作用的过程。其中，技术在过去被称为工艺，自然资源有稀缺贵贱之分，资本设备则是凝聚过去劳动的产物。因此，我们最好把劳动力（包括企业家和其他辅助人员）视为一种单独的生产要素，它在既定的生产技术、自然资源、资本设备以及有效需求等环境下发挥作用。这可以部分解释，除了货币单位和时间单位以外，为什么我们可以把“劳动单位”作为经济体系的另一个实物单位。

有些周期较长或迂回的生产过程，物质生产是有效率的，而某些周期较短的生产过程也是如此。周期较长的生产过程并不会因为周期长的缘故而具有生产上的效率，相反（多数情况下）生产周期长的生产过程反而会缺乏生产上的效率，因为有些东西不能久存，而且时间一长就有损耗[①]。在劳动力数量给定的情况下，能够实际应用于迂回

---

① 参见马歇尔对庞巴维克做的脚注，《经济学原理》，第583页。

生产过程中的劳动力数量是有限的。其他方面的因素先不用考虑，只要想想“制造机器的劳动力数量和使用机器的劳动力数量必须保持一定的比例”读者可能就明白了。当生产过程变得越来越迂回时，即使物质生产效率仍在增加，最终的价值量也不会随劳动力的雇佣数量的增加而无限增加。对一个长期的生产过程而言，要想与充分就业的状态相适应，在当期消费被推迟的意愿很强烈的情况下，投资量就必须增大到使资本的边际效率为负数的地步。在这种情形下，我们需要选择丰裕的资源进行生产，因为只有这样才能保证，在一个时间跨度很长的生产过程中，被推迟的消费带来的利益可以弥补生产的低效率。相反，对于一个短期的生产过程而言，我们需要选择有足够稀缺性的资源进行生产，因为只有这样才能使得其物质生产效率高于由于提早生产而可能遭受的损失。一个正确的理论应当能包容正反两种情形，即在利率为正和为负两种情形下，都能研究资本的边际效率。而这一点，我想，只有上文提到的稀缺理论才能做到。

为什么与一定量劳动力相关的有些劳动和设备稀缺，进而更加昂贵呢？原因有很多。例如，劳动者在空气污浊的环境中进行生产活动必然会要求一个较高的报酬，否则就没有人愿意从事这些工作了。高风险的劳动、提前生产的劳动也是这样。但是，我们并不需要创造一个涉及污浊空气、高风险和提前生产的劳动理论。要知道，并不是所有的劳动都是在令人满意的环境中进行的，有些劳动环境是不太令人满意的，如前面提到的空气污浊、风险高或者提前生产的情形。在不太令人满意的劳动环境中生产出来的商品，肯定是很稀缺的，因而价格也是较高的。但是，如果提前生产的劳动是令人满意的话（这是极可能的情况，而且许多人也是这样认为的），则正如我在上面所说的，即产即卖的短期生产就需要有足够的稀缺性，否则就没有人愿意从事短期生产了。

假如存在最适度的迂回生产过程，则我们需要做的就是，在众多可以选择的迂回生产过程中选择一个效率最高的。而最适度的迂回生产指的是，生产能够在最恰当的时间满足消费者延迟的消费需求。也就是说，在最适度的情况下，生产应该完全按照被延迟的消费需求真正形成消费支出的时间进行安排。别管生产效率有多高，任何不合时宜的生产都是不可取的。除非，打个比方说，消费者在一顿大餐的引诱下提前或者推迟用餐时间。如果听了服务员的详细介绍，食客们知道了什么时候会有什么样的饭菜之后，决定在八点钟用餐，则厨师的责任就是要在那个时间点尽量做出最好的饭菜招待客人。而对于厨师来说，如果客人不要求用餐时间，则在七点半、八点或者八点半他都可能做出最好的饭菜。对于某些人来说，吃饭的时间晚一点可能会感觉更好一些；而对于另外一些人来说，吃饭的时间早一点可能会感觉更好一些。我在上文已经说过了，我们的理论必须能包容正反两种情形。

在利率水平为零的情况下，对一个商品来说，必定存在一个从投入生产要素进行生产到其被消费掉的最佳时期间隔。在此期间，整个生产过程的劳动成本是最低的。如果实际时间间隔短于最优时期间隔，则在技术上生产效率可能较低；如果实际时间间隔长于最优时期间隔，则受储藏费用和实物损耗的影响，生产效率也可能较低。而在利率水平大于零的情况下，还会出现另一个成本因素，该因素的取值会随生产过程的延长而增大。因而，在此情况下，最优时期间隔将会缩短。而且，企业为“可能的消费”而进行的当期投入也必须减少，直到商品的未来价格提高到足以弥补增加的成本时为止。而上述成本的增加，一方面来自利息费用，另一方面来自生产过程缩短导致的生产效率低下。然而，如果利率水平小于零（假设技术上是可行的），则情况正好相反。在对消费者消费的预期给定的情况下，企业家在决定加大生产要素投入时，需要在“现在投入”和“以后投入”之间作出选择。现在投入可以从负利率中得到很少的利息收益，而以后投入则会因为技术效率的提高以及生产要素价格的下降而得到一定的收益。只有当前者的收益大于后者的收益时，现在加大生产要素投入才是值得的。对于绝大多数商品而言，过早地投入生产要素进行生产，在技术上都将是低效率的。因此，即使利率水平为零，以消费者的未来消费作为依据而在当期进行生产还是有风险的；而当利率水平上升时，这种风险会更大。

第三节

我们已经知道：在长期中，资本必须保持足够的稀缺性，以确保其边际效率在整个使用期间内至少能达到利率的水平，而利率的水平是由心理因素和制度因素共同决定的。这对一个本身资本存量已经非常充足，以至于资本的边际效率为零甚至为负数（由投资继续增加引起）的社会意味着什么呢？这对于一个有着完善的货币体系，货币能以很少的花费安全地“保存”起来，而且利率水平不能为零的社会意味着什么呢？这对一个处于充分就业状态，储蓄倾向强的社会又意味着什么呢？

在这几种情形中，让我们先从社会处于充分就业状态的情形开始讨论。此时，如果企业家继续雇佣新的劳动力，则必会遭受损失，因为现有的资本存量已经在当前的就业水平下达到了最佳的利用状态。因此，资本存量和就业水平必须下降，直至社会贫穷到“总储蓄量等于零”时为止，即某些个人或群体的正储蓄正好被其他个人或群体的负储蓄所抵消。因此，我们上面假想的这个社会，在自由放任下达到的均衡，一定是一个就业水平和生活水平都很低，社会储蓄总量为零的均衡状态。更可能的情况是，社会经济会围绕这一均衡水平出现周期性波动。因为，只要经济活动中存在对未来的不确定性预期，资本的边际效率便只可能偶然大于零，从而把经济引向“繁荣”，但在繁荣之后的“萧条”中，资本存量在一段时间内可能下降，进而导致资本的边际效率长期处于低于零的水平。如果以上预见性分析是正确的，则均衡状态时，资本存量的边际效率必定为零，而且现有资本存量必定小于充分就业状态下的资本存量，而二者的差额导致的失业是为了确保社会储蓄为零。

除此之外，在下面的情形中还可能存在另外一种均衡状态：1. 资本存量十分充足以致边际效率为零；2. 财富十分充足完全可以满足公众对未来的总供应；3. 社会达到充分就业状态；4. 利率水平为零。但是，在充分就业状态下，储蓄倾向很难满足资本存量的边际效率为零时的水平。如果非要补救这一有利情形的话，仅仅关注利率水平为零时的情况是不够的，我们还要关注利率水平为零之前逐渐下降的过程。

但目前为止，我仍在假定：由于制度因素的存在（货币的保管需要少量费用），利率的取值不能为负数。而事实上，在制度因素和心理因素的双重影响下，利率实际下降的底线远远在零水平之上。特别是再加上我们曾提到的，借贷双方磋商的费用以及对未来利率的不确定性预期之后，实际利率水平就更不可能降至很低的程度了。在现有的情况下，从长期来看，年利率的最低水平很可能是2%或2.5%左右。如果以上说法是正确的，则即使在自由放任的环境下，利率的取值也不可能一直下降，所以，现实中很可能出现财富增长的瓶颈。进而言之，如果利率下降的底线确实在零以上，则在利率达到最低水平之前，整个社会积累财富的意愿也很难得到满足。

战后英美两国的实际情况就是一个例子。当时整个社会的财富积累量非常大，以致资本的边际效率下降很快，而当时的利率水平在制度因素和心理因素的双重影响下减低得更快。在以自由放任为主的环境下，这种情况会妨碍就业以及生活水平提高到一个合理水平，虽然就生产技术而论，这个水平应该是可以达到的。

很显然，假设存在两个社会，它们的技术相同而资本存量不同，则短期内，资本存量较少的社会的生活水平很可能比资本存量较多的社会的生活水平高。而一旦较贫乏的社会成为了较富裕的社会（可以想象，这种情况最终会发生），则它们都无法逃脱迈达斯①（Midas）的命运。当然，这个令人不安的结论是基于如下假定的：人是自私的，不会为了社会利益而主动去调节消费倾向和投资量的大小，而是放任它们自由变化。

别管为什么，只要利率的下降速度没有在特定储蓄率下的资本的边际效率的下降速度快，则即使把积累财富的意愿转向那些经济上没有任何孳息的资产，也会增加社会福利。而上面提到的特定储蓄率是指，在充分就业状态下，人们在与资本的边际效率相等的利率水平下愿意的储蓄比例。如上所述，只要亿万富翁们有嗜好，别管是建造豪宅以供活着之时享乐之用，建造金字塔以供自己死后有个安身之所也

① 传说中的弗里吉亚国王，就因为有一次殷勤招待了森林之王，所以森林之王答应实现他一个愿望。而他的愿望就是，得到点石成金的本领。一开始，他很高兴，但后来就后悔了。因为，除了食物之外，他碰到的所有东西（包括他的女儿）都变成了金子。无奈之下，他只能恳求神把他从那个愿望中解脱出来。——译者注

好，还是为了忏悔罪恶的心灵而兴建教堂，资助寺院，接济传教使团也好，由于社会富裕而出现的投资疲软现象都将得以推迟。动用储蓄“在地上挖窟窿”，不仅可以增加就业，还可以增加由有用的物品和劳务构成的实际国民收入。然而，既然我们搞清楚了哪些因素会影响有效需求，则对于一个理性社会来说，继续使用那些偶然性又强、代价又大的补救措施就显得非常不可取。

第四节

假设我们有办法可以使利率作出调整，并保持与充分就业状态下的投资率的要求相一致。再假设国家也是一个投资实体，起着平衡私人投资的作用，而且能在不对当代人的生活水平带来额外负担的前提下使得资本设备的增长接近饱和点。

基于以上假设，我想对于一个运行良好、拥有现代技术资源、人口增长又不快的社会来说，在一代人的时间内，完全有可能把均衡状态时的资本的边际效率降至约为零的水平。而那时，我们的社会将处于一个类似静止的状态，即除非技术、嗜好、人口和制度发生了较大的变化，否则我们的社会经济不会再有任何改变或改善。资本品的售价将与其中的劳动数量成一定比例，其价格决定的原则，同资本占很小比例的消费品是一样的。

假定社会中的资本能相对容易地达到充足状态，以致资本的边际效率为零。如果我的假定是正确的，则这可能是逐渐祛除资本主义不良特征最有效的途径。因为，只要稍动脑筋你就能意识到：如果积累财富的人逐渐得不到回报的话，社会将面临巨大的变革。一个人仍然可以不受限制地积累自己的收入，以备他日之用，但他累积的财富不会自己增加。他只能像教皇的父亲那样，在退休时带着一箱几尼（英国的旧金币——译者注）回到自己乡下的别墅，并以此作为以后生活的开支。

虽然靠利息为生的食利阶层可能消失，但由于人们对未来收益的预期不同，所以企业管理和经营技巧仍有其发挥作用的余地。由于我们论述的都是不考虑风险回报的纯利率，而不是包含风险回报的毛收益。因此，如果利率为负数，则投资必有一个正的收益。即使未来收益是不确定的，只要能掌握投资的技巧，则投资仍可能有一个正的收益。对于一项大家都不愿意承担风险的投资来说，这类投资的净收益总额仍可能是一个正数。然而在这种情况下，如果投资者都急于通过投机的方式获取收益，则该类投资的净收益总额就有可能成为一个**负数**。

第十三章　利率和货币的本质

第一节

现在看来，货币的利率在限制就业水平方面似乎起着一种特殊的作用，因为它给新增投资的资本的边际效率设立了一个最低标准。乍看起来，这一点很难理解。因此，人们自然而然地就会追问：同其他资产相比，货币到底在什么地方特殊呢？是不是只有货币才有利息呢？要是在一个非货币经济中情况又将如何呢？如果这些问题回答不好，我们提出的理论的重要性就会受到影响。

我要提醒读者：货币利率不过是一个比值，分母是一笔货币现在的数量，分子是（比方说）一年后这些货币的增量。因此，这样看来，似乎每种资本资产都能产生类似利息的东西。举个例子：假设要支付一定数量的小麦，而你有两个选择，现在支付 100 夸脱或者一年后支付 105 夸脱。如果你选择一年后支付，则我们可以说，这批小麦一年的利息为 5 夸脱，利率为 5%。而如果一年后支付的数量是 95 夸脱，则我们可以说这批小麦一年期的利率是 -5%。因此，对于所有的耐久品，都会有一个利率与其相对应，例如小麦利率、铜利率、房产利率，甚至是钢厂利率（这些利率都是以实物计量的，我们姑且可以称之为“实物利率”，以区分于“货币利率”，下同 ——译者注)。

以小麦为例，在市场交易中，小麦有“期货”和“现货”两种交易方式，而且它们同上面提到的小麦利率肯定有某种关系。但是，考虑到期货合约中规定的交割手段指的都是货币而不是实物，因此它们肯定和货币利率也有一定的关系。其中的确切关系可以表述如下：

我们可以假定100夸脱小麦的现货价格是100英镑，一年后交割的期货价格是107英镑，货币的年利率为5%，则“小麦年利率”是多少呢？我们可以这样分析：既然现在的100英镑在一年后是105英镑，而105英镑按当时的价格只能买到$\frac{105}{107}\cdot 100$（=98）夸脱的小麦，即同样的100英镑现在能买到100夸脱小麦，而一年后就只能买到98夸脱小麦。上面的表述也可以理解为，现在的100夸脱小麦到一年后却只值98夸脱，所以小麦的年利率为-2%[①]。

由此说来，我们没有理由认为不同商品的实物利率水平会相同，也就是说，小麦利率没有理由会必然等于铜利率。而且，市场对不同商品报出的现货价格和期货价格，显然也是不相同的。以后我们会发现，这正是我们研究的出路 ——有可能正是货物利率中的最大值(姑且如此称呼)，真正起着决定性的作用（因为，投资者增加投资时要求的就是这个最大值)；有可能货币利率就是这个最大值（因为，我们以后将发现，在一些因素的作用下，货币利率的下降速度不会像实物利率那样快)。

需要补充一句，就像同一时间不同的实物利率会有差别一样，不同种类的货币利率也会不一样（外币经营者应该很清楚)。例如，英

① 此关系的最早出处是：斯拉法（Sraffa)，《经济学杂志》，1932年3月，第50页。

镑的利率和美元的利率就不一样，因为用英镑计量的其他货币的现货价格和期货价格是有差异的，美元也一样。

我们通常所说的“资本的边际效率”都是用货币衡量的，其实如果用其他实物衡量，效果也是一样的。例如，我们可以选择“小麦”作为计量标准，用小麦的数量来衡量资本资产未来的收益和当期的供给价格。如果以“小麦利率”作为贴现率把上述未来收益贴现，则得到的现值将等于上面提到的供给价格。而且此处的小麦利率可以作为以小麦计量的资产的边际效率。如果两种标准之间的价值保持相对不变，则不论选择哪一个作为标准，每一项资本资产的边际效率的值都是相等的，因为计算边际效率这一比值的分子与分母做的是同方向同比例的变化。但如果两种标准之间的相对价值，预期会发生改变，则每一项资本资产的边际效率的值将会随标准的不同而不同。为了解释上述论断，我们可以举一个最简单的例子：假设小麦和货币是我们选择的两个计量标准，并且小麦相对于货币的价值比保持在 $a\%$ 不变，则如果一项资产的边际效率以货币衡量为 $x\%$，换成用小麦来衡量就会变成 $(x-a)\%$。由于所有资产的边际效率会作出相同的改变，因此不管选择何种标准，它们的大小排序是不会变的。

如果存在某种复合物，可以完全代表所有的实物，则从某种意义上讲，以该复合物作为计量标准的利率和资本的边际效率可以被视为是唯一的利率和唯一的资本的边际效率。然而，这同要建立唯一的价值标准一样，会遇到很大的困难。

迄今为止，我们还看不出货币利率同其他利率相比有什么独特的地方，倒觉得它们的地位是一样的。但我们确实在前几章赋予了它很强的重要性，难道不是因为它有什么重要的特性？为什么和产出量和就业量有密切联系的是货币利率，而不是小麦利率或者房屋利率呢？

第二节

现在我们要讨论一段时间内，比如一年，对应于不同类型的资产，它们的实物利率的情况。由于我们用各种商品轮流充当衡量标准，所以每种商品的收益都是以其自身作为计量单位的。

对于不同类型的资产来说，它们在下面的三个特性方面会存在差异：

（1）产出收益。有些资产通过某种生产过程，或为消费者提供某种服务，能获取一定的收益或产出，产出量以其自身为计量单位，可以用字母 q 表示。

（2）囤积成本。对除了货币以外的大多数资产来说，不管其是否被用于生产，仅仅随着时间的流逝，它们就会蒙受损耗或产生某些开支（不考虑它们的相对价值的任何变化），这类成本以其自身为计量单位，可以用字母 c 表示。目前，我们不必严格区分哪些成本在计算 q 时已经扣除，哪些成本包含在 c 中，因为在以后的研究中我们关心的是 $q-c$ 的取值。

（3）灵活处置收益。一段时间内任意处置资产的权利，可能会给资产持有人提供一种潜在的便利或安全保障。在这方面，不同类型的资产的情况是不一样的，即使这些资产具有相等的初始价值。这种潜在的特性是无形的，每期终了之时也不会由有形的产品表现出来，但是人们却愿意为其支付必要代价。人们意愿上的为灵活处置资产带来的潜在的便利或安全保障而支付的代价，以其自身为计量单位，可被称之为资产的灵活处置收益，可以用字母 l 表示。①

---

① 灵活处置跟此类资产的稀缺程度，大家乐意接受程度，转手难易程度以及升值空间大小相关 。——译者注

因此，一段时间内持有一项资产预期能得到的总回报，等于其产出收益减去囤积成本再加上流动处置收益的值，即 $q-c+l$。也就是说，$q-c+l$ 表示的是任何商品产生的利息，其中 q、c、l 都是以该商品本身为计量单位的。

对于正在使用的生产资本（如机器）或消费资本（如房屋）来说，其主要特性是：产出收益通常大于囤积成本，而灵活处置收益可以忽略不计。而对于尚未出售的商品或闲置中的生产资本和消费资本来说，其主要特性是：产出收益为零，存在囤积成本，而灵活处置收益亦可以忽略不计（只要它们的数量超过一定水平，灵活处置收益便可忽略不计，但在特殊情况下它却具有重要意义）。对于货币来说，其主要特性是：产出收益为零，囤积成本可以忽略不计，但灵活处置收益却相当大。虽然不同的商品具有不同程度的灵活处置收益，货币可能承担一定量的囤积成本，如安保费用。但是，货币和所有（或者大多数）其他资产的实质性区别在于：货币的灵活处置收益会大大超过其囤积成本，而其他资产囤积成本会大大超过其灵活处置收益。出于分析的需要，我们可以假定：房屋的产出收益为 q_1，囤积成本和灵活处置收益忽略不计；小麦的囤积成本为 c_2，产出收益和灵活处置收益忽略不计；货币的灵活处置收益为 l_3，产出收益和囤积成本忽略不计。则我们大致可以说，q_1 是房屋利率，$-c_2$ 是小麦利率，l_3 是货币利率。

要想确定不同类型的资产在均衡状态下的预期收益之间的关系，我们需要首先知道，这一年内各种资产的相对价值会发生什么变化。我们可以选择货币（此处的货币仅充当记账单位，我们同样也可以选择小麦）作为基准单位，并假定房屋的预期升值（或贬值）比率为 a_1，小麦的预期升值（或贬值）比率为 a_2。上文提到的 q_1、$-c_2$ 和 l_3

分别表示用实物作为计量标准的房屋利率、小麦利率和货币利率，当然我们可以将上述三个利率转化为以货币作为基准单位的利率，即 $a_1 + q_1$、$a_2 - c_2$ 和 l_3，可以分别称之“房屋货币化利率”（house-rate of money-interest）、“小麦货币化利率”（wheat-rate of money-interest）和“货币货币化利率”（money-rate of money-interest）。通过这种方式，财富持有者可以轻松在房屋、小麦或货币等储蓄形式中作出选择，因为只要看看 $a_1 + q_1$、$a_2 - c_2$ 和 l_3 谁的值最大就可以了。因此，在均衡状态下，会出现无论选择何种方式持有财富都不会比另外两种方式更有利的情况，即 $a_1 + q_1$、$a_2 - c_2$ 和 l_3 三者会相等。上述结论与选择何种商品作为基准单位毫无关系，因为从一种标准换成另一种标准会使上述三个数值作出同样的改变，而且改变量等于用旧标准计量的新标准预期的增量（或减量）。

新生产出来的资产，其正常的供给价格必定小于其需求价格；而且其边际效率（在正常的供给价格的基础上计算得来）必定大于当时的利率（不管以什么作为标准，只要边际效率和利率使用相同的计量标准即可）。当资产的存量增加时，其边际效率会趋于下降（原因很明显，而且以前已经说过），而一开始的时候，其边际效率至少等于利率。因此，除非利率同时下降，否则总会达到一点，超过此点，就不值得再继续生产了。当所有资产的边际效率都小于利率时，资本资产的生产便要终止。

我们可以假设（在论证的现阶段，这仅仅是一个假设）：存在某种资产（如货币），其利率水平是固定的（或产量增加时，它比其他商品的利率下降得慢），则情况会发生什么变化呢？因为 $a_1 + q_1$、$a_2 - c_2$ 和 l_3 必须相等，又因为根据假设，l_3 的取值保持不变或者比 q_1 和 $-c_2$ 下降得慢，所以 a_1 和 a_2 必须上升。也就是说，除了货币之外，其他资产的当期货币价格需要相对于其预期的未来价格趋于下降。因此，如果 q_1 和 $-c_2$ 继续下降，则必将达到生产任何商品都无利可图的地步，除非其预期的未来的生产成本会大于现在的生产成本，而且这个差量足以抵偿把现在生产的商品保存到未来高价出售所需的囤积成本。

现在看来，我们以前关于“货币利率限制产量”的说法，显然并非完全正确。我们应该这样说：“当资产的数量普遍增加时，有一种资产的利率的下降速度最慢，最终使得其他资产的生产都变得无利可图，除非像刚提到的那样，预期的未来的生产成本和现在的生产成本之间有某种特殊关系。”本来随着产量的增加，资产本身的利率会一个接一个地降至某种水平，直到各种资产的生产都不再有利可图。但最终的结果却是，一种或几种资产本身的利率会维持在一个高于任何资产的边际效率的水平。

如果货币仅被视为价值标准，那就很清楚，货币利率本身肯定不是这一切的罪魁祸首。所以，仅仅通过颁布法令废除黄金或英镑，而改用小麦或房屋作为价值标准的做法，不足以帮助我们摆脱现实的困境（尽管有些人确实有这种想法）。因为，问题好像是，只要存在不随产量增加而本身的利率快速递减的资产，同样的困难仍然会存在。这就像是在一个早已实行不兑现的纸币本位的国家，黄金利率的缓慢下降会继续阻碍产量的增长一样。

第三节

因此，当我们赋予货币利率极其重要的地位时，我们似乎已经暗中假定：货币可能具有某些充当基准利率的特性，而这些特性会使得产量增加时，货币利率比其他实物利率更不易于下降。这个假定能成立吗？我认为，情况表明，我们熟知的一些货币的特性可以证明上述假定。只要能够证实货币确实具有以下特性，则笼统地讲“货币利率是最重要的利率”的说法便可成立。

（1）货币不易被生产出来。这是货币的第一个特性，即不论是在长期还是在短期内，如果不考虑货币当局的举动而仅就私人企业而言，货币的生产弹性（elasticity of production）是零或几乎为零。此处的生产弹性[①]是指：用于生产货币的劳动量对单位货币所能支配的劳动增量的反应。也就是说，货币并不能很轻易地被生产出来。当货币的价格（用工资单位计量）上升时，企业家不能随意将其雇佣的劳动力转而去生产货币。在一个政府垄断不可兑换的纸币的发行权的国家是这样，在一个实行金本位的国家似乎也是这样。因为，除非黄金采掘业是这个国家的主要产业，否则，用于生产货币的劳动力将是有限的，而且其增长的最大比例肯定也是很小的。

对具有生产弹性的资产来讲，我们之所以假定其本身的利率会下降，是因为我们假定：随着生产能力的提高，相关资产的存量会增加。然而，对于货币这个特殊资产而言——暂不考虑工资单位减少以及货币当局有意增加货币供给的影响——其供给是固定的。而货币这一特性，正好给出了货币利率难以下降的初步理由。试想，如果货币能像谷物那样“生长”，或者像汽车那样被“制造出来”，则经济萧条就可以避免或者减轻。因为，如果其他资产相对于货币的价格下降了，则更多的劳动力会转而去生产货币。虽然在以黄金采掘为主要行业的国家，我们能看到这种现象，但就全世界而言，这种方式的劳动

① 参见本书第十六章。

力转移几乎是可以忽略不计的。

（2）然而，很明显，不易被生产的特性并不是货币独有的，所有生产缺乏弹性并可以收取纯地租的要素都具有这一特性。因此，我们需要引入第二个特性将货币和其他可以收取地租的要素区分开来。

这个特性就是：货币的替代弹性（elasticity of substitution）为零或几乎为零。也就是说，当货币的交换价值上升时，人们并不会倾向于将货币替换成其他要素，除非货币被当作一种要素投入生产或工艺之中，但这种情况是很少见的。由此可见，货币之所以会有这样的特性，原因就在于，持有货币的效用是由它的交换价值来体现的，二者是同增同减的关系，因此当货币的交换价值（exchange-value）上升时，人们根本不会有将其替换成其他要素的动机或倾向[①]。

因此，当以劳动计量的货币价格上涨时，货币的生产不仅不会因为劳动力投入的增加而增加，反而会成为购买力的巨大牵制力。因为，无论货币的价格如何上涨，人们都不会像对待其他收取地租的要素那样，减少对货币的需求，将需求转向其他方面。

除非货币的价格上涨到一定程度，进而使得人们对这种上涨的趋势能否维持下去持不确定态度。在那种情况下，a_1 和 a_2 的取值会上升，这等价于实物货币化利率会上升，从而其他资产的生产会得到刺激。

（3）我们必须考虑一个对上述结论不利的事实，即虽然货币的数量不会因劳动力的进一步投入而增加，但如果说货币的有效供给完全

---

① 举个例子，如果一元钱可以换两个梨，而一个苹果也可以换两个梨的话，则对于一个喜欢吃梨的人来说，当市场变成一元钱可以换三个梨，而一个苹果也可以换三个梨的时候，如果他持有的是苹果，则他会倾向于拿苹果换更多的梨，因为手中的苹果易腐烂；而如果他持有的是一元钱的话，则他没有动机拿一元钱换更多的梨，因为一元钱的效用就是三个梨，他完全可以在想吃的时候再把这一元钱换成梨。——译者注

没有伸缩余地的话，那也显得很牵强。尤其需要注意，当工资单位减少时，一部分现金会从别的用途中游离出来以满足人们的流动性偏好。而且，当物价水平下降时，货币存量在社会财富总额占的比例会提高。

上述情况能否使得货币利率有一个适度的下降，我们不能从纯理论层面予以证明。但我们可以列举出几个理由来说明为什么在我们熟悉的经济体系中，货币利率很不容易出现适度的下降，而且这几个理由的影响作用合在一起是非常大的。

第一，我们需要考虑工资单位的下降，会对其他资产的边际效率产生什么样的影响。因为，资本的边际效率和货币利率之间的差额是我们最关心的。如果工资单位的下降会使人们产生一种“它以后还会上升”的预期，则货币利率会下降；而如果工资单位的下降会使人们产生一种“它以后还会下降”的预期，则其对资本的边际效率的作用会抵消货币利率的下降①。

第二，货币工资具有黏性（sticky），即货币工资与实际工资相比更稳定，因而更不容易下降。如果不是这样的话，情况可能会变得更糟而不是更好。因为，如果货币工资容易下降，则人们往往会认为它还将继续下降，这对资本的边际效率会产生不利的影响。此外，如果工资不是以货币而是以其他实物计量的，如小麦，则工资可能不再具有黏性。要知道，可能正是由于货币具有其他实物不具有的特性，如流动性，才使得工资出现“一经被确定用货币来计量”就有的黏性现象②。

① 对该问题的详细分析参见本书第十五章。

② 如果工资（或合同）用小麦计量，则小麦可能也会有货币那样的灵活处置收益，在本章第四节，回过头来，我们还要讨论这个问题。

第三，这也是最重要的一点，即货币具有某种满足流动性偏好的特征。在某些情况下，货币的这一特征尤其明显。特别是当货币利率低于某一数值时①，即使货币数量相对于其他形式的财富确实在增加，货币利率也不会产生敏感反应。也就是说，当货币数量的增加超过某一点时，货币由于流动性而得到的收益虽然会下降，但其下降的幅度要比同等情况下其他类型资产收益下降的幅度小。

之所以会出现这种情况，就是因为货币的囤积成本很低（甚至可以忽略不计）。要知道，如果货币的囤积成本相当大，则它们会抵消预期的持有货币可能在将来得到的收益。人们之所以会对微弱的刺激就作出增持货币的反应，就是因为货币在带来灵活处置收益（实际的或者设想的）的同时并不会因为等待而产生大量的囤积成本。除了货币，囤积少量的其他的商品同样会给使用者带来一些方便，但随着囤积数量的增加，这种好处会逐渐被这些商品的存储和损耗费用所抵消。因此，此种方式的囤积，一旦数量超过某个水平，持有人必将遭受损失。

然而我们将看到，对货币而言，情况并非如此。出于各种理由，人们认为货币是最具流动性的资产。因此，有些改革家提出了一个“人为创造货币的囤积成本”的补救措施，即货币持有人必须定期向货币当局缴纳一定费用并加盖印记，其持有的货币才能继续在市场中流通。这些人的思路是正确的，而且这些建议的实际价值也值得我们思考。

现在我们明白了，货币利率的重要性是以下因素的共同产物：第一，受流动性偏好影响，当货币数量相对于其他财富形式（以货币计量）的比例发生变化时，利率的反应不大；第二，货币的生产弹性是

---

① 参见本书第 145—147 页。

（或者可能是）零（或可以忽略不计的）；第三，货币的替代弹性是（或者可能是）零（或可以忽略不计的）。第一点意味着：人们对财富的需求可能绝大部分集中在对货币的需求上；第二点意味着：即使有这种情形发生，劳动力也不能被用于生产更多的货币；第三点意味着：即便其他商品的价格再低廉，他们也无法替代货币的职能，进而无法减少人们对货币的需求。因此，如果不考虑资本的边际效率以及流动性偏好的变化，则我们只剩下一条路可走，那就是增加货币数量或提高货币的名义价值（这是一回事），从而使既定数量的货币能够提供更多的货币性劳务。

因此，货币利率的提高会抑制那些对利率有弹性的商品的生产，而其自身的产量却得不到刺激（根据假设，货币的生产弹性为零）。换句话说，因为货币利率会决定其他实物利率的下降程度，所以货币利率的居高不下会抑制其他方面的投资。而与此同时，因为我们假设货币是不易生产的，所以用于货币本身的投资又得不到刺激。而且，由于来自投资动机的货币需求富有弹性，因而支配这种需求的条件的微小变化，不会对货币利率本身产生很大的影响。而与此同时，由于货币的生产缺乏弹性（除非货币当局采取行动），因此任何试图作用于货币供给而自然降低货币利率水平的想法都是不切实际的。如果涉及的是其他商品，则情况将不同。由于人们对其他商品的需求相对于利率是无弹性的，因而需求方面的微小变动就足以使其本身的利率发生剧烈的波动。与此同时，其供给又有很大的弹性，因而为未来消费而进行的当期生产也不会得到太高的溢价①因此，对其他商品来说，在“自然力量”（即市场力

① 而实物利率可以反映这种溢价，因而实物利率的水平不会太高。——译者注

量）的作用下，其利率最终会降至充分就业状态时的水平，而当经济达到充分就业之后，这些商品的供给就变得像货币一样缺乏弹性。因此，在没有货币和其他像货币一样的商品（同样为假定）的情况下，各种利率只有在充分就业水平下才能达到均衡状态。

这就是说，失业问题之所以会出现，就是因为人们在追求一种想要而得不到的东西——如果人们想要的东西（如货币）是不能生产的，而且对这类东西的需求又不容易被压制的话，则失业将不可避免。唯一的补救措施就是使人们相信，纸币也是货币，并设立一个（像中央银行那样的）由政府控制的纸币生产机构。

有趣的是，我们将发现，我们犯了一个饮鸩止渴的错误，即为了“止渴”我们选择了供给缺乏弹性的黄金作为价值尺度，但“供给缺乏弹性”是“毒药”，它的存在是各种问题的根源。

至此，我们的结论可以有一个更为一般的表述形式：假定消费倾向不变，则当所有资产的本身利率中的最大值等于所有资产的边际效率（用本身利率最大的资产作计量单位）中的最大值时，投资数量不可能再增加。

在充分就业状态下，这个条件必定满足。但在经济达到充分就业之前，这个条件也能满足：只要存在某种资产，其生产弹性和替代弹性都等于零（或相对较小）①，而且当产量增加时，其利率下降的速度要比其他资本资产的边际效率（以各种资产本身作为计量单位）下降得更慢。

① 零弹性是一个更为严格的条件。

第四节

我们在前面说过：一种商品是不是价值标准，与该商品的利率是不是重要的利率，并无必然关系。但有趣的是，那些我们熟知的使得货币利率成为重要利率的特征，会不会是因为货币被当作债务和工资的计量标准后才有的呢？这个问题需要分成两部分讨论：

第一，契约用货币来规定，以及货币工资常常相当稳定这两点，对于货币具有很高的灵活处置收益起着重要的作用。如果现在持有的资产可以直接用于偿还未来的债务，而且预期的以这种资产作为计量单位的未来生活费用也相对稳定，则持有这种资产可以带来的便利是显而易见的。但与此同时，如果将一种生产弹性大的商品作为价值标准，则人们就不大相信该商品的货币成本也会相对稳定。而且，如我们知道的那样，在使货币利率成为重要利率方面，低囤积成本和高灵活处置收益一样，也起着非常重要的作用。而且，我们关心的是灵活处置收益和囤积成本之间的差额，因此对那些黄金、白银和银行券以外的大部分资产而言，由于囤积成本往往和灵活处置收益持平，因此即便将作为契约和工资价值标准的（比如说）英镑的灵活处置收益全部转移到（比如说）小麦身上，小麦的利率仍很难大于零。由此可见，将货币作为契约和工资的价值标准，尽管可以强化货币利率的重要地位，但它还不足以产生我们看到的货币利率的特征。

第二点更微妙。通常人们会认为：以货币作为计量标准的产品价值要比以任何其他商品作为计量标准的产品价值更稳定。究其原因，工资以货币来计量的事实只是其中一方面，更重要的原因是，以货币计量的工资具有黏性。如果还有一两种商品，将它们作为工资的计量标准反而比用货币更具有黏性（即更稳定）的话，那情况将会如何呢？我想，要想让这种“如果”成为现实，至少需要两个条件：1. 该种商品的生产成本（以工资单位作为计量标准），不管生产规模是大是小，生产周期是短是长，都比较稳定；2. 任何超过当期需求的产品，只要价格高于生产成本，就能花费极小的费用囤积起来，即该商品的灵活处置收益要大于其囤积成本（因为，如果无利可图的话，将商品囤积起来必将遭受损失）。如果真有能同时满足这两个条件的商品，则无疑它将成为取代货币地位的有力对手。当然，从逻辑上讲，这种比货币作为计量标准会使产值更加稳定的商品还是可能存在的，但从现实来看，这种商品存在的可能性似乎不大。

据此我可以断言：这种能使工资最具黏性的商品，其生产弹性一定最小，其囤积成本超过灵活处置收益的可能性也一定最小。换句话说，人们之所以会认为以货币作为计量单位的工资是最具黏性的，就是因为他们相信，相比其他资产而言，货币的灵活处置收益超过囤积成本的数额也是最大的。

由此看来，正是这些货币特征的相互融合以及相互影响，才使得货币利率成为了利率中的重中之重。货币具有较小的生产弹性和替代弹性以及囤积成本较低的事实，强化了人们对于货币工资水平相对稳定的预期。而且，这种预期会提高货币的灵活处置收益，并且会割断货币利率与其他资产的边际效率之间的特殊联系。如果二者之间真的存在这种联系的话，货币利率的重要性一定会大打折扣。

庇古教授（还有其他人）习惯于假定：实际工资比货币工资更加稳定。但要想使该假设成立，则必须进而假定就业量是稳定的。除此之外还有一个难点，那就是工资品的囤积成本很高。因此，任何将工资品作为工资的计量单位并稳定实际工资的企图，必将招致物价水平的剧烈波动。因为，只要“消费倾向”和“投资诱导”稍有变动，物价就会在零和无穷大之间发生剧烈波动。因此，货币工资，而不是实际工资的稳定，才是一个经济体系保持内在稳定的条件。

因此，如果我们认为被研究的经济体系是稳定的，即“消费倾向”和“投资诱导”的微小变化不足以引致物价发生剧烈波动的话，则如果认为实际工资是相对稳定的，那不仅在实践上是行不通的，而且在逻辑上也将是自相矛盾的。

第五节

作为上文的补充，本节有必要强调一点，即前面提到的“灵活处置收益”和“囤积成本”都是一个“度”的概念，而且货币的特殊之处不过在于其“灵活处置收益”相对高于“囤积成本”而已。

试想这样一种经济体系，在该体系中，所有资产的灵活处置收益都低于其囤积成本——我认为，这是对所谓的“非货币经济”下的最好的定义。也就是说，除了特定的消费品和资本设备之外，该体系别无他物。这些资本设备虽然使用寿命不同，所能生产（或辅助生产）的消费品亦不同，但它们有一个共同的特征，即（与货币不同）若将它们作为囤积对象，折旧及相关费用会大于其灵活处置收益。

在这种经济体系中，可以从如下三个方面对各种资本设备加以区分：(1) 它能辅助生产的消费品的种类数；(2) 产品价值的稳定性(某种意义上讲，面包的价值要比时尚物品的价值更稳定)；(3) 处置的灵活性，即凝固在资产中的价值能够灵活流转，并能以产出的形式，在需要的时候，再一次凝固到其他产品中去。

因此，作为财富的持有者，再考虑各种风险之后，他们必须在持有财富最可能得到的预期收益以及因缺乏处置的灵活性而可能遭受的损失之间作出权衡。我们可以发现：灵活处置收益有点像风险收益，但又不完全相同——根据概率知识作出最有可能的预期是一回事，但作出此类预期时的信心如何则是另外一回事（前面是确定与不确定的差别，后面是可能与不可能的差别——译者注）。在前面几章关于预期收益的估计中，我们没有深入研究具体的估计方法，而且为了避免论证的复杂性，我们也没有区分处置灵活性与风险性二者的差别。但很显然，在计算资产本身的利率时，这两点都必须顾及到。

很明显，“灵活处置”并没有一个绝对的标准，它有大小的区别。在估计以哪种形式持有财富更好时，除了估计囤积成本和使用收益外，多少总会顾及到灵活处置的收益。而至于为什么资产能够灵活处置，其中的具体原由人们并不清楚，只知道它会伴随时间、社会实践和社会制度的改变而改变。但在任何既定时间，财富持有人对灵活处置的偏好心态是确定的。对于我们要分析的经济体系的运行状况而言，知道这一点就足够了。

在某种历史环境中，在财富持有人的心目中，可能认为土地具有高灵活处置收益的特性。因为，土地和货币很相似，其生产弹性和替代弹性都很低[①]。可以想象，在历史的长河中土地曾经起着和货币一样的作用，人们渴望持有土地，以至于利率被推到了一个很高的水平。我们很难从数量方面研究这个问题，因为土地不存在一个以其自身为计量单位的期货价格，与货币债务的利率进行比较。但我们可以找到一个类似的

① “灵活处置”的属性绝对与这两个特性相关。因为，如果一种资产的供给很容易就可以增加，或者对此类资产的需求又很容易由于相对价格的变化而被其他资产来代替，则在财富持有人心目中，这种资产就不大可能具有“灵活处置”的属性。如果人们预期，货币的未来供给会发生很大的变化，则货币本身也会失去“灵活处置”的属性。

值，那就是以土地作为抵押进行贷款时收取的高额利率①。土地抵押借款人支付的利息往往高于经营土地可能得到的净收益，这是农业经济中常有的现象。而禁止高利贷法的颁布主要针对的就是这种情况，而这样做是对的。因为，在社会经济初期，现代意义上的长期债券并不存在，如果土地抵押借款的利率很高，则它就会阻碍当期资本资产的新增投资，进而会阻碍财富的增长，就像现代社会长期债券的高利率会阻碍投资一样。

个人的储蓄行为进行了几千年，但整个世界积累的财富还是少得可怜。怎么解释？我认为，其中的原因既不是人类有浪费的本性，也不是战争带来的破坏，而是与所有权相关的高额的土地灵活处置收益（针对以前的情况）以及货币灵活处置收益（针对现在的情况）相关。我的观点和马歇尔等人的旧观点不同，马歇尔在其《经济学原理》一书第581页有过这样的教条式论述：

> 你们都应该明白一点，财富积累之所以受到抑制，利率之所以能维持不变，就是因为大多数人都偏好于现在享受，而不是将来享受，也就是说，他们不愿意“等待”。

第六节

在我的《货币论》一书中，我曾引用过“自然利率”（natural rate of interest）这个术语，在我看来它就是唯一的利率。自然利率的定义

---

① 土地抵押借款以及借款的利息都规定以货币为清偿手段，但抵押人能选择以交割土地的方式偿还债务——如果抵押人不能以货币清偿债务时，就必须以交割土地的方式进行清偿——故土地抵押制度有点像签订了一份关于土地买卖的期货条约。有时候会出现土地所有人本想将土地出售给承租人，但仍会选择跟承租人签订抵押贷款合同以取得相应款项的情况，这种情况更像买卖土地期货。

是：能使储蓄量（像在那本书中定义的那样）等于投资量的利率。我相信，这里给出的定义是对威克塞尔的“自然利率”概念的发展和进一步明确。因为按照威克塞尔的观点，自然利率是一种能使物价水平保持稳定的利率，但究竟是何种物价水平，他并没有明确说明。

但是，我忽略了一个事实：在一个特定社会中，按照定义，任何假定的就业水平都会有一个不同的自然利率水平与之对应。类似地，对应于不同的利率水平，都会有一个能使该利率成为“自然”利率的就业水平与之对应。也就是说，在该利率和就业水平下，经济体系将处于均衡状态。因此，认为自然利率的取值是唯一的，或者认为按照定义，别管就业水平如何，都只有一个自然利率水平与之对应，这些想法都是错误的。要知道，在当时我还没搞明白一点，即在某些条件下，经济体系在达到充分就业之前就可能处于均衡状态。

我原来以为：自然利率这个概念很有前途，它在我们的分析中很有用、很重要，但现在我不再这么认为。因为，自然利率不过是一个维持现状的利率，而我们对于维持现状本身一般不怎么感兴趣。

在众多自然利率中，一定有一个最特殊、最重要的利率，我们可以称之为“中性利率”[①]，即在经济体系中的其他条件保持不变的情况下，在如上定义的众多利率中与充分就业水平相对应的那个自然利率水平，尽管将该利率称为（比如说）“最适宜利率”可能会更好一些。

我们可以给“中性利率”下一个更严谨的定义：它是能使产出和就业达到均衡状态，并使整体就业弹性为零的利率[②]。

上面的论述再一次回答了一个问题，即古典经济学派的利率论需要

① 这个定义并不符合近来学者们对“中性货币”所下的众多定义，虽然我的定义也许与这些学者头脑中所设想的内容有关。

② 参见本书第十六章。

什么样的暗中假定才能有意义。古典经济学派的利率论，不是假定实际利率总是等于中性利率的水平（定义如上所述），就是假定实际利率总是维持在能使就业处于特定水准的水平。如果传统学者如此解释自己的利息论，则其结论将很少或几乎不可能与现实相矛盾。古典经济学派的理论还假设：银行管理当局或自然力量就足以使得市场利率满足上述任一假定。而它所要研究的是，在这些假设条件下，决定社会生产资源的利用和报酬的法则。在这些限制条件下，传统学者认为的产量必定与当前设备和技术水平下假定的就业水平相适应。如果是那样的话，我们俨然安逸生活在李嘉图的世界中。

第十四章　重申就业通论

第一节

论述进行到现在，我认为，需要整理一下我们的讨论思路。但首先很有必要搞清楚以下几个问题：在经济体系中，哪些因素通常被我们看作是给定的因素，其中哪些是自变量，哪些是因变量。

被我们看作是给定的因素包括：现有劳动力的可用数量及劳动技能，现有可用设备的质量和数量，现有技术水平，竞争程度，消费者的品味和习惯，不同强度的劳动以及相应的监督和组织活动的负效用，以及社会结构决定国民收入分配的各种力量（不包括下面提到的那些变量）。上述因素是给定的，但并不意味着它们是固定不变的，而只是说，此时此处我们并不考虑或顾及这些因素的变动可能带来的影响和效果。

我们研究的自变量有三个：消费倾向、资本的边际效率和利率。但正如我们前面看到的那样，这些变量都可作进一步的分析。

我们研究的因变量有两个：就业量和以工资单位计量的国民收入（或国民所得）。

被我们看作是给定的那些因素可以影响，但并不能完全决定我们要研究的自变量。例如，资本的边际效率部分取决于当期资本设备的数量（这是被我们看作是给定的量），又部分取决于长期预期状态（这是不能从给定因素中推导出的量）。但也有一些其他因素可以完全从给定因素中推导出来，因此我们可以把这些因素也看作是给定的。例如，从给定的就业水平中我们可以推知，以工资单位计量的国民收入会处于什么水平。于是，在被我们看作是给定的经济框架内，国民收入完全取决于就业量，或者说，取决于当期用于生产的劳动量。从这个意义我们可以说，国民收入和就业量二者之间存在一一对应的关系①。除此之外，我们还能从给定因素中推导出总供给曲线的形状，这条曲线体现了不同类型产品的实物供给情况，即对应于给定水平的有效需求（以工资单位计量），需要投入生产的劳动数量是多少。最后，我们还能从给定因素中推导出劳动的供给函数，进而还能推导出在哪一点上整个劳动的就业函数②不再具有弹性。

然而，资本的边际效率部分取决于给定因素，部分取决于不同种类的资本资产的预期收益。而利率部分取决于流动性偏好的状况（即流动性函数的形状），部分取决于以工资单位计量的货币数量的大小。因此，有时我们也可以这样认为，最终的自变量有三个：（1）三个基本的心理因素，即消费倾向、流动性偏好以及对资本资产未来收益的预期；（2）工资单位，这是雇佣双方讨价还价的结果；（3）货币数量，它由中央银行控制。因此，如果给定因素保持不变，则上述自变量将最终决定国民收入（或国民所得）和就业的数量。但这些自变量仍可作进一步的细分，因此可以说，它们并不是我们要研究的最终自变量。

---

① 在特定的就业范围内，产出会因为就业函数曲线的曲度不同而不同，但现阶段，我们将忽略这种复杂情况。参见本书第十六章。

② 具体定义参见本书第十六章。

然而，把经济体系中的因素分为给定因素和自变量两类，从任何绝对的观点来看，都是很武断的。这种分类完全依靠我们的经验，即只要是变化微小或缓慢的、对我们的研究短期内影响不大的因素都归入给定因素一类，只要是其变动对我们的研究起着决定性影响的因素都归入自变量一类。我们当前任务就是探究，在任何时间都决定一个给定经济体系的国民收入和就业量（二者是同一件事）的因素是哪些。但是，经济学的研究非常复杂，我们不能期望得出非常精确的结论，我们只能研究几个其变化会对我们的研究结果起决定性影响的变量。而我们的终极任务就是找出几个这样的变量，以使这个我们生活其中的经济体系可以由中央当局主动调控和管理。

第二节

现在，我们将试图对前几章的论述作一个总结，但总结中涉及的因素会与我们原来论述的顺序相反。

在投资诱导的作用下，新增投资将增加到一点，使得资本的边际效率（由各类资产的供给价格和预期收益决定）总体上大致等于利率水平。也就是说，资本品工业的物质供给状况、对预期收益的信心、流动性偏好以及货币数量（最好以工资单位计量）将共同决定新增投资的水平。

但是，投资量的增加（或者减少）必会引起消费量的增加（或者减少）。因为，一般来说，公众只有在收入增加（或者减少）时才愿意扩大（或者缩小）收入和消费之间的差额。也就是说，消费量的变化和收入量的变化一般是**同方向**的（尽管在数量上，前者小于后者）。消费量的增加可由储蓄量的增加和边际消费倾向函数推导出来。而收入量

(以工资单位计量）的增加可由投资量（以工资单位计量）的增加和投资乘数推导出来。

最后，如果我们假定就业乘数等于（应该是近似等于）投资乘数[①]，则我们就可以用就业乘数和投资增量（或减量）的乘积来估算就业的增量（或减量），而投资增加或减少的原因已由上面的论述给出。

然而，就业增加（或减少）会强化（或弱化）人们的流动性偏好。这里可以列举出三个趋于增加货币需求的途径：第一，当就业增加时，即使工资单位和物价水平（以工资单位计量）保持不变，产值也会增加；第二，当就业增加时，工资单位本身也有提高的趋势；第三，当产量增加时，因短期内成本会增加，所以物价水平（以工资单位计量）会上涨。

因此，受上述反应（还有其他的反应）的影响，经济体系的均衡位置会发生变化，并且上述变量会没有任何征兆地发生变化，有时这些变化会非常大。因此，现实的经济情况会异常复杂。然而，将一些变量单独拿出来进行研究还是非常有用的，同时也是很方便的。如果我们用这种方法来研究实际问题，则问题会更好处理一些；否则，单凭直觉（相比一般的理论研究，直觉考虑的问题会更细，也更复杂）恐怕我们的研究会有无从下手之感。

第三节

以上是对本书的概述。但是，实际的经济现象却要受到消费倾向、资本的边际效率和利率某些特征的影响，而这些特征我们可以从经验中

① 阅读本书第六章第二节的内容将有助于理解。——译者注

概括出来，但这在逻辑上不是必然成立的。

需要特别指出的是，我们生活的经济体系有一个显著的特征，即其产量和就业量虽然会有剧烈的波动，但也不是非常不稳定。它确实看起来像处于一种“亚正常”状态，即经济既不会趋向于复苏又不会趋向于完全的崩溃，而且这种状态会持续很长时间。而且，有证据表明：充分就业或接近于充分就业的情况是罕见的，即便存在，时间也不会太长。经济的波动起初非常活跃，但在其达到两个极端之前，这种波动会趋于缓解，最终的情况往往是：经济会处于一个既不令人悲观但也不让人满意的中间状态。因此，经济的波动和“荡秋千”很像，大多数情况下，经济这个“秋千”会处于中间的状态，两边的最高点是两种极端的情况，在“秋千”荡到最高点之前，推动力会消耗殆尽而反作用力却越来越大，最终“秋千”又不得不回到中间的状态。基于这个事实，我们创造了经济周期的理论。而上面的论述也适用于价格的变化，即起初波动的价格最终会找到一个相对稳定的水平。

而现在有一个问题，那就是，既然上述特征是我们从经验中总结出来的，并不具有逻辑上的必然性，那我们就必须假设：现代社会的环境和心理倾向必然有某种特征可以产生这些后果。因此，可行的做法是：首先考虑何种心理倾向会使经济体系保持稳定，然后依据我们对当代人类本性的一般认识，再考虑我们生活的社会中是否真的有这些心理倾向。

下面是一些保持经济稳定的条件，正如我们在前面论述的那样，这些条件可以解释我们观察到的结果：

1. 边际消费倾向需满足的条件是：特定社会中，当产出由于在既定的资本设备上使用更多（或更少）的劳动力而增加（或减少）时，由边际消费倾向推算出来的表明产出和就业之间关系的乘数会大于1，但也不会太大。

2. 当资本的未来收益或利率的取值发生变化时，资本的边际效率需满足的条件是：新增投资的变化不会与前两个因素的变化过于不成比例，即温和的资本的未来收益或利率的变化不会导致投资量发生很大的变动。

3. 随着就业量的改变，货币工资会发生同方向的变动，但二者的变动不会过于不成比例，即温和的就业量的变化不会导致货币工资发生很大的变动——这与其说是保持就业稳定的条件，不如说是保持物价稳定的条件。

4. 我们还可以列出第四个条件，这个条件在保持经济稳定方面没有多大作用，但在改变经济波动方向方面有很大的作用，即当投资过分高于（或低于）原来的一般水平时，如果这种情况再持续一段时间（如果以年作为计量单位，这段时间不会太长），资本的边际效率便会受到不利（或有利）的影响。

（1）我们提出的保持经济稳定的第一个条件（即就业乘数会大于1，但也不会太大），作为人类本性的心理特征而论，似乎非常合理。当实际收入增加时，当期需求的生活压力会减轻，收入超过保持特定生活水平的差额部分会增加；反之亦然。因此，不管社会经济总体处于何种水平，伴随就业量的增加，当期消费量自然也会增加，但增量小于实际收入的增量；伴随就业量的减少，当期消费量自然也会减少，但减量小于实际收入的减量。进而言之，这种情况适用于普通个人，也同样适用于政府，尤其是在失业问题日益严重的时期，政府往往会被迫以举债的方式来缓解失业问题。

这条心理规律是否被读者接受，我不敢肯定。但有一点是肯定的，那就是，如果该规律不成立，后果将与现在的情况大不相同。在那种情况下：只要投资增加，哪怕增量很小，都足以引致有效需求持续增加，直至达到充分就业的状态；只要投资减少，都足以引致有效需求持续减少，直至就业量为零。但经验告诉我们：我们的经济，通常会处于中间的位置。我们这样说并不否认，经济的不稳定性在某一范围内确实存在。但即便如此，这个范围一定很小，而在此范围之外，不论在哪个方向，无疑我们的心理规律都能很好地发挥作用。而且很明显，就业乘数显然大于1，但正常情况下又不会太大。否则的话，给定量的投资变化将会引起消费量的巨大变化（要么是充分就业，要么是就业量为零）。

（2）我们的第一个条件说明的是，温和的投资量的变化不会导致消费需求发生很大的变动。而我们的第二个条件要说明的是，温和的资本的未来收益或利率的变化不会导致投资量发生很大的变动。实际情况可能是：运用现有的机器设备生产更多的产品时，成本会持续增加。诚然，如果我们的生产开始于资本品资源极大丰富的境况，则经济在一定范围内可能存在相当程度的不稳定性。但当这些资源消耗殆尽时，这种不稳定性就会终止。而且，在这种情况下，受资本预期收益的剧烈变化（由于工商从业者的心理发生了剧烈变化，或出现了划时代的新发明等等）的影响而出现的经济波动会有一个极限，但很可能会有一个上限而不是下限。

（3）我们的第三个条件非常符合我们熟知的人类的本性。因为就像我们上面指出的那样，劳资双方斗争的目标是将货币工资维持在一个*相对*较高的水平。而随着就业量的增加，这种斗争的力度在各个方面有可能会加强，一方面是因为工人的议价地位会提升，另一方面是因为工资的边际效用的递减以及劳动者由于财务状况的改善而更愿意从事富有挑战性的工作。然而，话又说回来，这些动机都有一定的限度，工人们不会因为就业条件的改善而对工资的提高有过分的要求，但也不会因为要避免失业而对工资的大幅削减忍气吞声。

这里我们要再说一次，别管从先验方面看，上述结论是否成立，但经验告诉我们，这种心理法则一定存在。因为，如果失业者之间的竞争总是导致货币工资被大幅削减的话，物价水平必定极不稳定。然而，恐怕除了充分就业的情形，经济不可能还有其他的均衡状态，因为工资单位可能会无限制地下降，直到货币数量（以工资单位计量）极大充裕，利率水平极低，经济足以恢复充分就业水平时为止。而除此之外，经济没有其他的静止点①。

（4）我们的第四个条件倒不是保持经济稳定的条件，它要说明的是，为什么经济的衰退和复苏会交替存在。这个条件仅仅基于以下假设，即不同资本资产的使用期限不同，但使用期限都不会太长，而随着时间的流逝它们会消耗殆尽。因此，如果投资量低于某一最低水平，则即便其他因素没有产生巨大的变动，资本的边际效率也会提高，投资量最终会恢复到该水平之上，这不过是个时间问题而已。同样道理，如果投资量上升到一个更高的水平，则资本的边际效率迟早会降到足以导致经济萧条的水平，除非其他因素能发生补偿性的变动。

基于前三个条件，我们得知：经济复苏和衰退的程度被限制在了一定范围之内。但基于第四个条件，我们发现：即便其他条件没有发生变化，只要经济的复苏和衰退持续了一段时间，经济的走向最终会发生变化，该变化会往复持续下去。

至此，这四个条件加起来足以解释实际经济情况的显著特征，即就业量和物价水平会围绕一个中间水平上下波动，但极少会处于最高点或最低点的位置，而该中间水平会略低于充分就业水平，但又会高于最低

① 工资单位变动产生的影响，我们将在本书第十五章予以详细论述。

就业水平（最低就业水平指的是，就业一旦低于此水平，人们的生活将受到威胁的情况）。

但是，我们不能由此便得出以下结论：既然这个中间水平是由各种“自然趋势”（如果不有意矫正的话，这些趋势很可能会持续下去）所决定的，所以该中间水平必定是客观规律决定的，是不可改变的。因为上述四个条件，不过是保持经济稳定的几个条件，它们不是不可改变的，我们完全可以将其作为调节经济的手段。

第四编

货币工资与物价

第十五章　货币工资的变动

第一节

如果能在较前的章节中讨论“货币工资的变动可能带来的影响”，那对我们的讨论会有一定的好处。考虑到，古典经济学派通常假设货币工资具有伸缩性，所以在他们看来，经济体系具有自动调节的特性。所以，一旦货币工资出现黏性，他们便将经济体系的失调归咎于此。

而现在，详尽地批判古典经济学派的时机还不到，因为我们自己的理论还未完全展开，况且货币工资变动的影响是相当复杂的。古典经济学理论推测：一般情况下，货币工资水平的下降很可能会刺激产出的增加；而我的理论和古典经济学派的理论的主要区别就在于，运用的分析方法是不同的。因此，在读者搞清楚我的分析方法之前，两个理论之间的差别是很难说清楚的。

在我看来，对此可以有一个为大家普遍接受的简单解释，而且它绝不像我们在下文论述的那样复杂。这个简单解释可以表述为：如果工人们乐意接受更低水平的货币工资，则最终产品的成本会降低，从而会刺激消费需求，进而产量和就业量也会增加。但伴随产量的增加（机器设备的数量给定的情况下），劳动的边际生产效率会降低。最终，货币工资水平的下降对产出和就业的激励作用会逐渐被劳动的边际生产效率的降低所抵消。

这种解释最简单的说法是：当货币工资水平下降时，人们对产品的需求不受影响。有些经济学家可能确实抱有这种看法，他们认为，人们对产品的需求没有理由会发生变化。因为在他们看来：总需求的大小取决于货币数量与货币的收入流通速度的乘积，而没有理由表明，货币工资的降低会引起货币数量或货币的收入流通速度的降低。相反，他们甚至认为，伴随货币工资水平的下降，利润反而会必然上升。我想大部分学者会承认，当货币工资水平下降时，一部分工人的购买力会降低，因此总需求会多少受些影响。但有些学者可能会认为，由于还有一部分工人的货币收入没有减少，因此受物价水平下降以及就业量增加（除非就业相对于货币工资的需求弹性小于1）的影响，工人们自身的总需求很可能会增加。因此这些学者认为，在新的均衡状态，就业量一般会比以前更高，除非发生从没出现过的特殊情况。

我坚决反对这种类型的分析，甚至与上述论述有关的分析我都不赞成。因为，虽然上面的论述反映了这部分学者的想法和做法，但他们很少能把自己的分析方法详细地表达出来。

然而，他们的思维方法似乎可以表述如下：在任一给定的行业内，都有一条商品需求曲线，还有一条商品供给曲线，而前者描述的是销售量和销售价格之间的关系，后者描述的是不同成本下的产量和生产者所要求的价格之间的关系。而在假设其他成本不变（除非是由产量改变引起的）的前提下，这两条曲线可以推导出一条新的曲线——特定行业的劳动需求曲线，它描述的是工资水平和就业量之间的关系，该曲线上任何一点处的斜率表示都是劳动相对于工资的需求弹性。这个概念可以不加修改地应用于全体行业，基于同样的理由，我们可以推导出全体行业的劳动需求曲线，该曲线描述的是全体就业量和工资水平之间的关系。而至于此处所谓的工资，无论是指货币工资还是实际工资，都不会影响论证的结果。如果我们认为是货币工资，则我们必须要对币值的变动加以矫正。但考虑到物价的变动和货币工资的变动不是同比例的，因此上述做法不足以影响论证的实质。

如果这便是古典学者进行论证的依据（如果不是，那我也不知道他们的依据是什么）的话，那它肯定是错的。因为，要构造出某特定行业的需求曲线，则必须先假定其他行业的需求和供给曲线都不变，有效需求的总量也不变。因此，将特定行业的情况推广到全体行业的做法是错误的，除非假定有效需求的总量保持不变。但这样的假定会歪曲整个论证，因为，尽管没有人会反对，在有效需求的总量保持不变的前提下，货币工资的减少会刺激就业的增加。但论证的关键点在于，当货币工资水平降低时，有效需求的总量是否会保持不变，有效需求的总量的减少是否会与货币工资的减少不成比例（即如果用工资单位计量，结果会更大）。但是，即便不允许古典经济学派用类比的做法将适用于特定行业的结论推广到全体行业，该理论也不能完全回答货币工资的减少对就业量有何影响的问题，因为它没有找到正确的分析问题的方法。在我看来，在跳出古典理论束缚方面，庇古教授的《失业论》已经尽力了，但最终它还是成了一本显示古典理论无能的著作，它无法解释“决定实际就业总量的因素是什么”的问题①。

① 在本章的附录中，我还将详细批评庇古教授的《失业论》。

第二节

现在让我们用自己的分析方法来处理上述问题。我们的分析可以分为两部分：第一，在消费倾向、资本的边际效率和利率保持不变的情况下，对社会整体而言，货币工资水平的下降能否直接促进就业的增加；第二，货币工资水平的下降能否对上述三个因素产生某种确定或不确定的影响，进而会不会对就业量产生某种确定或不确定的影响。

对于第一个问题，我们在前面几章就已经给出了答案——货币工资水平的下降不能直接促进就业的增加。因为我们已经说过：就业量唯一决定于以工资单位计量的有效需求的量，而如果消费倾向、资本的边际效率和利率都保持不变的话，则有效需求的量（预期消费的量和预期投资的量的总和）也不会发生变化。在上述三个因素保持不变的情况下，如果企业家还继续增加劳动力的雇佣量，则其收益必定会小于其供给价格。

如果仅仅因为“降低货币工资水平会减少生产成本”，就认为“降低货币工资水平能增加就业”的话，那不免显得有些武断。要想反驳这一观点，我们最好从批判该观点最重要的假定入手——在货币工资水平降低的伊始，企业家确有这会减少生产成本的预期。就单个企业家而言，当货币工资水平降低时，他很可能会忽视这对产品需求产生的不利影响，进而“在能得到更多利润的预期”的驱使下会作出“增加产量”的决策。但如果所有的企业家都有这样的预期的话，那他们还能得到更多的利润吗？回答是否定的。除非整个社会的边际消费倾向等于1（即收入增量全部转化为消费增量，二者之间没有缺口），或者新增投资量恰好弥补收入增量与消费增量之间的缺口（要想出现这种情况，除非资本的边际效率相对于利率有所增加）。因此，除非边际消费倾向等于 1 或降低货币工资以使得资本的边际效率相对于利率有所增加，否则新增产量的收益必定会让企业家失望，从而就业量又会回落到以前的水平。因为，如果企业家按照预期的产品售价提供就业岗位，则人们的收入会增加，进而其意愿储蓄量将大于当期投资量。而不管货币工资处于何种水平，企业家必会因为意愿储蓄量和当期投资量之间的差额而蒙受损失。当然，增加运营资本投资是弥补这个差额的一种手段，但问题是，这样做是“治标不治本”，它不过是将问题出现的时间推迟了而已。

因此，单纯地依靠降低货币工资水平并不会对就业产生持续的促进作用，除非它会对整个社会的边际消费倾向、资本的边际效率或利率产生一定的影响。因此，要想分析降低货币工资水平会对经济产生何种影响，我们只能从边际消费倾向、资本的边际效率和利率这三个方面进行考察。

货币工资水平的下降对这些因素的现实影响可以表述如下：

（1）货币工资水平的下降多少会引起物价水平的下降，进而会引起实际收入的再分配。一方面实际收入会从靠出卖劳动力为生的工薪阶层转移到靠出卖其他生产要素（如果它们的报酬保持不变的话）为生的阶层手中；另一方面它会从企业家阶层转移到食利阶层（后者的收入是以货币计量的，而且会保持不变）手中。

这种再分配会对整个社会的消费倾向产生什么影响呢？收入从靠出卖劳动力为生的工薪阶层转移到靠出卖其他生产要素为生的阶层，很可能会降低消费倾向。而至于收入从企业家阶层转移到食利阶层会有什么影响，则不得而知。但如果食利阶层总体上属于社会的富有阶层的话，则他们的生活水平通常不会发生太大变化，那么这种收入的转移也会降低消费倾向。我们只能推测，最终的影响将是各种因素相互抵消后的结果。但对消费倾向而言，这种影响多半是不利的而不是有利的。

（2）如果我们讨论的是一个开放的经济体系，而且货币工资水平的下降又是相对于外国货币工资水平（将二者的单位统一以后）的下降，则货币工资水平的下降显然会促进投资，因为贸易顺差会逐步扩大。当然，这里需要假定，这种贸易的有利影响不会被关税、配额等因素所抵消。相对于美国人而言，英国人更倾向于认为“降低货币工资水平是促进就业的手段”，原因可能就是，相对于英国而言，美国是一个较封闭的经济体系。

（3）在一个开放的经济体系中，削减货币工资固然可以扩大贸易顺差，但同时也可能恶化贸易条件。这种情况下，实际收入水平会下降（新增雇员除外），消费倾向水平会上升。

（4）如果货币工资水平的下降被看作是相对于未来货币工资水平的下降，则这种变动将有利于投资的增加，因为正如我们以前看到的那样，这会增加资本的边际效率。同理，这种变动也可能有利于消费的增加。相反，如果当期的货币工资的下降引发了（哪怕存在这种可能）未来的货币工资会进一步下降的预期，则这种变动很可能会产生负面作用，因为它在降低资本的边际效率的同时还会诱导人们推迟消费和投资。

（5）伴随物价水平以及一般货币收入的某种程度的下降，工资性支出的缩减会减少出于收入以及商业目的需要而持有的现金的数量。在其他条件不变的情况下，这种变动足以降低整个社会的流动性偏好，而这会降低利率水平，进而将有利于投资的增加。但是，上面第四点中刚刚提及的关于未来的预期，会抵消对投资的有利影响。要知道，如果预期未来的工资水平和物价水平会上升，则相对长期利率而言，短期利率可能更易作出下降的反应。还有，如果削减工资引发了公众的不满，进而危机政府的政治威信，则人们的流动性偏好可能会大大增加，以致足以吸纳任何从正常经济循环中游离出来的现金，这时候会出现“流动性陷阱”的局面。

（6）货币工资水平的个别降低，在单个企业或行业看来是件好事，而货币工资水平的全面下降，在企业家阶层看来可能还是件好事（尽管实际情况并非如此）。这种乐观情绪有助于打破因过度悲观估计资本的边际效率而产生的恶性循环，也有助于整个事态再次回归正常的预期。但另一方面，如果工人阶层在削减工资问题上犯了和雇主阶层同样的错误，则必会引起劳资纠纷，而这些都会抵消上述有利影响。除此以外，一般而言，我们无法保证各个行业削减工资的时间和幅度都相同，因此工人们为了维护自身的利益，通常都会坚决抵制本行业的工资削减行为。实际情况是，相对于逐渐的、无意识的物价上涨引发的实际工资水平的下降而言，雇主阶层通过议价削减货币工资而导致实际工资水平下降的行为，通常更易招致工人阶层的强烈抵制。

（7）另一方面，企业家阶层更重的债务负担可能会抵消由于削减货币工资带来的有利影响。因为，如果工资和物价水平持续下降的话，对于那些负债严重的企业家而言，财务的窘境很可能会演变为企业的破产（这对投资是极为不利的）。而且，较低的物价水平会加剧政府的债务负担，进而会加剧公众的税收负担，这些都将大大打压经营者的信心①。

① 这描述的是通货紧缩的情形，物价水平反映的是货币这种特殊商品的价值，物价水平低表明货币价值高，而这对于货币的发行者——政府而言是不利的，因为这将加剧政府（这个最大的债务人）的负担，而为了偿还这些债务，政府只能依靠高额税收增加收入。——译者注

虽然以上所述并非削减工资可能造成的全部影响，因为现实情况是非常复杂的，但我相信，它还是概括出了其中最重要的部分。

因此，如果将我们的讨论限定在封闭的经济体系内，并假定实际收入的重新分配不会对整个社会的消费倾向产生影响（即便有也是不利的影响），则当货币工资水平下降时，我们只能将就业的增加寄托在投资的改善上，而投资改善的原因要么是第四点中提到的“资本的边际效率的增加”，要么是第五点中提到的“利率的降低”。现在，我们将分别就这两种情况作进一步的讨论。

如果人们认为货币工资已经降至最低水平，而预期以后会增加，则这对于资本的边际效率的增加是有利的。而最不利的情况是：在货币工资缓慢下降的过程中，其每次下降都会削弱人们对维持未来工资水平的信心。如果我们确实遇到了有效需求减少的问题，则相对其他情况而言，如果货币工资能猛然降至一个很低的水平，以致没有人会认为它还会下降，则它对于强化有效需求而言还是最有利的。这只能通过政府颁布法令的方式实现，而在市场力量操作下的劳资双方自由议价的环境中，这样的做法很难行得通。另一方面，相比货币工资持续下降引发经济萧条，进而伴随失业率的每一次增加（如1%），人们又预期货币工资会进一步下降而言，我们不如保持货币工资水平稳定或极不可能发生变化。举个例子：如果人们预期货币工资的水平会下降2%，则这和同期限的利率水平上涨2%的效果几乎是一样的。上述论断只要经过必要的修正就同样适用于经济繁荣时的情形。

因此，对现实做法和制度而言，让货币工资伴随就业情况灵活变化的做法不如为货币工资设定一个固定的水平更为有利。而论述至此，我们说的都是针对资本的边际效率的情况，但如果我们的讨论针对的是利率，那我们的结论还能成立吗？

因此，对于那些相信经济具有自我调节功能的人来说，他们本应该将工资水平和物价水平的下降对货币需求的影响作为论述的重点，但我认为他们并没有这样做。如果货币数量本身确为工资和物价的函数，则他们的研究是不会有什么结果的。但是，如果货币数量是固定不变的，则很显然，只要货币工资下降得足够大，则货币数量（以工资单位计量）便可无限制地增加，且其在总收入中占的比例也将大大增加，而增加的比例的大小取决于工资在边际直接成本中所占的比例以及成本中的其他因素对工资单位下降的反应。

因此，从理论上讲，我们至少有两种方法可以降低利率水平，而它们的效果是一样的：第一，在货币数量保持不变的情况下，降低货币工资水平；第二，在货币工资水平保持不变的情况下，增加货币数量。因此，将削减工资作为达到充分就业的手段，会遇到同增加货币数量同样的限制。同样的理由（指上面提到的“为什么不能将增加货币数量作为促进就业的手段”），只要稍加调整就能适用于削减工资的情形。如果货币的增加是相对温和的，则它不会对长期利率产生足够的影响；如果货币的增量非常大，则有可能物极必反，人们的信心会受到影响进而货币增加的其他好处会被抵消。同样的道理，货币工资的温和下降难以对利率的下降产生足够的影响；而货币工资的大幅下降，即便行得通，但也会动摇人们的信心。

因此，认为只要货币工资水平能够灵活调整，经济就会持续处于充分就业状态是毫无根据的，这不比认为单独依靠公开市场操作就能达到同样目的合理到哪去。要知道，具有弹性的工资政策和公开市场操作都不可能使经济具有自我调节的功能。

假设，当实际就业低于充分就业水平时，工人们总能采取（或打算采取）一致的行动，主动要求削减货币工资，以使货币数量（以工资单位计量）增加，进而使利率下降到符合充分就业要求的水平。如果是那样的话，我们确实应该将以充分就业为目标的货币管理职能赋予工会，而不是银行系统。

单从理论上讲，在改变货币数量（以工资单位计量）方面，具有弹性的工资政策和具有弹性的货币政策的效果是一样的，但实际上，二者有天壤之别。为了提醒读者，我在这里列举出了四个显著的区别：

（1）在一个实行集权统治的社会中，政府一纸命令便可改变工资水平，但除此之外，我们无法保证每个阶层的劳动者的工资都能作相同水平的下降。要达到这个结果，只能通过一系列逐渐的和不规则的改变，社会正义和经济利益方面的考虑，甚至是既浪费又惨烈的斗争才能实现。而在这场斗争中，处于最劣势谈判地位的工人将遭受最大的损失。而另一方面，我们可以通过公开市场操作或类似的手段达到改变货币数量的目的，而政府是有这种实力的。因此，出于人类本性和现有制度等方面的考虑，任何选择具有弹性的工资政策而不选择具有弹性的货币政策的人都是愚蠢的。除非他能给指出前者优于后者的地方。进而言之，即便效果都一样，相比选择一个难以实施的方法而言，选择一个相对容易实施的方法是更可取的。

（2）如果货币工资是非弹性的，则物价（即“管制价格”以及“垄断价格”除外）的改变主要是由运用现有设备增加产量时资本的边际效率下降引起的。因此，将劳动报酬像其他要素一样通过契约形式加以固定是最可行的，也是最公平的做法，就像食利者和那些在企业和政府机关领取固定薪金的人那样。如果在任何情况下，主要阶层的报酬都是用货币加以固定的，就算其他要素的货币报酬有些许变动，这也将是最合乎社会正义和社会权益的做法。在大部分人的货币收入都是相对固定的情况下，恐怕只有那些未受到公正待遇的人才会选择具有弹性的工资政策而不是具有弹性的货币政策，但这无济于事，因为他说不出前者优于后者的地方。

（3）降低工资单位的取值，固然可以增加货币数量（以工资单位计量），但同时也会同比例增加债务人的负担。而如果保持工资单位的值不变，增加货币数量可以达到同样的目的，但不同的是，这样做不会增加债务人的负担。在各种债务负担已经相当沉重的情况下，恐怕只有那些不谙世故的人才会选择前者。

（4）如果伴随工资水平的下降，利率水平也出现下降，则基于以前给出的理由，资本的边际效率会受到双重打压①，投资也会受到双重不利影响②，进而经济复苏的时机将被延迟。

第三节

实际上，当就业量逐渐减少时，如果工人们能够逐渐降低对货币工资水平的要求，则一般来说，虽然这样做会对产量产生不利影响，但实际工资水平不仅不会下降，反而可能会上升。这种做法最严重的后果就是引起物价水平的剧烈波动，甚至导致实际经济生活中作出的任何商业打算都将归于无效。如果把具有弹性的工资政策看作自由放任的经济体系正当的、合理的产物，则这种想法与真理恰好相悖。只有在像意大利、德国或者俄国这样的高度集权的国家内，政府通过一纸命令便可即时地、实质地、全面地改变工资水平，也只有这样，具有弹性的工资政策才能发挥其功效。而在像法国、美国或者英国这样

① 生产的预期收益的下降以及生产成本的上升——译者注

② 资本的边际效率的下降以及消费萎缩对投资的反作用——译者注

的国家，这种政策是不可能实行的。

如果政府试图通过法律的形式规定实际工资的水平（像澳大利亚那样），则必定有一个特定的就业水平会与此实际工资水平相对应。而对于一个封闭的经济体系来说，就业的实际水平则要视投资量和就业的适应程度而在上述特定量和零之间剧烈振荡。而在这种情况下，物价可能会变得非常不稳定——当投资量低于此临界水平时，价格水平会骤降至零；当投资量高于此临界水平时，价格水平又会骤升至无穷大。因此，要想找到一个稳定的因素，我们只能从那些控制货币数量的因素入手，尽量让货币数量维持在一个合适的水平，使得货币工资总能处于保证利率和资本的边际效率都恰到好处的水平，进而保证投资量也处于一个恰到好处的水平。在这种情况下，就业量会保持不变（处于法定实际工资要求的水平），而货币工资和物价均能作出适当的变动以使投资量维持在恰到好处的水平。对澳大利亚而言，实际情况也有一些不尽如人意之处。一方面是因为政策法规在执行时都不可避免地存在失效的问题；另一方面是因为它本身并不是一个封闭的经济体系，因此货币工资水平会受到外商投资水平和总投资量的影响，而实际工资水平也会受到贸易方面的重要影响。

基于以上考虑，我现在认为：对于一个封闭的经济体系来说，在权衡得失之后，最明智也是最可取的政策选择是，把一般货币工资水平维持在一个稳定的水平。而同样的结论也适用于开放的经济体系，但条件是，浮动的汇率制度能够确保本国与其他国家间的贸易均衡。虽然对单独的某个行业来讲，工资具有一定的弹性是件好事，因为这将加速劳动力从没落行业向新兴行业的转移，但在短期内，一般货币工资水平最好还是尽量保持稳定。

稳定工资水平的政策可以保证物价水平也具有相当的稳定性，至少会比在具有弹性的工资政策下更稳定。除管制价格和垄断价格以外，短期内，物价水平只会伴随就业量对边际直接成本的影响而发生改变；而长期内，物价水平只会伴随先进技术或设备的应用或设备数量的增加而引起的生产成本的改变而改变。

现实情况是，只要就业量发生大的变动，物价水平就会随之作出相应的变动。但正如我以前说过的那样，这种变动的幅度要比在具有弹性的工资政策的情况下小得多。

因此，短期内，刚性的货币政策必须同保持就业量的稳定相结合。而另一方面，长期内，我们可以在两种政策之间作出选择：第一，保持工资水平稳定，让物价水平伴随技术的进步和设备的更新而缓慢下降；第二，保持物价水平稳定，让工资水平稳步上升。我个人比较偏好后一种选择，一方面是因为，在未来工资水平会上升的预期下更容易实现充分就业的目标；另一方面是因为，工资水平的稳步上升不仅可以逐渐减轻债务人的负担，加速劳动力从没落行业向新兴行业的调整，而且还会从心理上给人以激励。但是，它们之间并不存在原理上的重要差别，因此我现在不准备就这两方面作更为详尽的论述。

附录：庇古教授的《失业论》

庇古教授在其《失业论》中认为，就业量取决于两个基本要素：(1) 工人们要求的实际工资水平；(2) 劳动的实际需求曲线的形状。该书的核心部分，即在讨论决定劳动的实际需求曲线形状的因素。工人要求的不是实际工资水平而是货币工资水平，该书并未忽视这个事实。不过该书假定：实际工资水平可以由货币工资水平除以工资品价格来计量。

在其《失业论》的第90页，庇古教授给出了一些公式，按照他的说法，这些公式构成了对劳动的实际需求函数的研究起点。既然有几个暗含的假定从一开始就进入了庇古教授的分析，并直接影响了他的分析结论，所以我决定总结一下他的处理方法。

庇古教授把行业分为了两类，即“在国内从事工资品制造并从事出口贸易以取得国外工资品的行业”以及“其他行业”。为方便起见，可以把这两类行业分别称之为“工资品行业”和“非工资品行业”。按照他的说法，令 x 代表工资品行业的就业人数，y 代表非工资品行业的就业人数，$F(x)$ 表示这 x 人的总产值（以工资品表示），$F'(x)$ 表示该行业的一般工资水平。虽然庇古自己并没有明说，但这样做相当于是在假设：边际工资成本（marginal wage-cost）等于边际直接成本[①]（marginal prime cost）。进而，他还假设 $x+y=\phi(x)$，即总就业量是工资品行业就业量的函数。进而，他给出了“全体劳动的实际需求弹性”（elasticity of the real demand for labour in the aggregate）的概念（由此可以推出劳动的实际需求曲线的形状），可以表

① 把“边际工资成本”和“边际直接成本”等同起来，显然是错误的，其原因可能是“边际工资成本”的含义是含糊不清的。我们既可以把它理解为“其他成本不变时，产出增加一单位所增加的工资成本”，也可以把它理解为“在现有设备和有生产要素未被利用的条件下，产出增加一单位所增加的工资成本”。在第一种理解下，除了增加劳动力外，我们不可能增加工人的劳动时间、经营资本以及其他东西；我们甚至不能让资本设备因为就业人数的增加而加速损耗。因为在第一种理解下，除了劳动成本，我们不会让任何其他成本计入边际直接成本，所以边际工资成本理所当然地就等于了边际直接成本。但由于这样的假定在现实中是很少出现的，所以在这种前提下得出的分析结果毫无实际意义。实际上，我们不会愚蠢到“当劳动力增加时却不让其他生产要素（如果有的话）也增加”的地步。因此，要想使此前提成立，我们只能假定：除劳动力要素以外，其他要素的利用都已经到了最大限度。

述如下：

$E_r=\frac{\phi\ (x)}{\phi''\ (x)}\cdot\frac{F'\ (x)}{F''\ (x)}$仅就符号而言，这和我提出的表达方式没有多大的区别。若把庇古教授的“工资品”看作我认为的“消费品”，把他的“其他物品”看作我所谓的“投资品”，则他的$\frac{F\ (x)}{F'\ (x)}$（以工资单位计量的工资品行业的总产值）就和我的 C_w 是一样的。进而言之，（在工资品等同于消费品的情况下）他的函数 ϕ 和我以前提到的就业乘数 k' 是一样的。因为，$\Delta x=k'\Delta y$；所以，$\phi'\ (x)\ =1+\frac{1}{k'}$。

因此，庇古教授的“全体劳动的实际需求弹性”是一个复合概念，和我的一些概念很像，它部分取决于行业的物质和技术条件（他以函数 F 表示），部分取决于工资品的消费倾向（他以函数 ϕ 表示）。以上所说有一个限制条件，即边际劳动成本等于边际直接成本。

为了确定就业数量，庇古教授在“劳动的实际需求函数”外，又提出了一个“劳动的供给函数”。他假设，在劳动的供给函数中，实际工资是唯一的自变量，而实际工资是工资品行业的就业人数 x 的函数。所以，这等于是在假设：劳动的供给函数中，x 是唯一的自变量，即 $n=X\ (x)$，其中 n 代表当实际工资水平为 $F'\ (x)$ 时，可能有的劳动供给量。

因此，如果不考虑其他复杂因素，庇古教授的分析是在尝试用两个方程推导出实际的就业量。这两个方程是：

$$x+y=\phi(x)$$

和 $n=X(x)$

但该方程组是没有解的，因为它只有两个方程，但却有三个未知数。有一点很清楚，庇古教授规避这个困难的方法就是假定 $n=\ x+$

y。而这样做相当于是在假定：经济中不存在严格意义上的非自愿失业现象，即在现有实际工资水平下，所有意愿就业的劳动力都已经就业。于是，x 可由方程式 $\phi(x)=X(x)$ 推导而出；而当 x 等于（比如说）n_1 时，则 y 必须等于 $X(n_1)-n_1$，总就业量 n 等于 $X(n_1)$。

这意味着什么？我想，论述进行到这里，稍停片刻还是值得的。其含义应该是：如果劳动的供给函数发生了变动，则对应于特定的实际工资水平，可用的劳动数量会增加（即由 $\phi(x)=X(x)$ 推导出的 x 的取值，现在成了 n_1+dn_1），则非工资品的需求一定使得非工资品行业中的就业量增加，以保证 $\phi(n_1+dn_1)$ 和 $X(n_1+dn_1)$ 取值相等。而要想使总就业量发生变化，除此之外，唯一的方法就是改变工资品和非工资品的消费倾向，增加 y 并大量减少 x。

话又说回来，$n=x+y$ 的假设显然意味着：劳动者总是处于可以决定自己的实际工资水平的地位。而劳动者总是处于可以决定自己的实际工资水平的假定又意味着：非工资品的需求一定会服从上述法则，换言之，即利率必定常常与资本的边际效率相适应，从而使经济保持充分就业状态。没有这样的假设，庇古教授的分析就会不攻自破，从而失去决定就业量的功能。然而，奇怪的是，庇古教授提出的失业理论，竟然从未提及投资水平的改变（即非工资品行业的就业量的变化），而这种改变不是由于劳动供给的变化引起的，而是由（比如说）利率水平的变化或投资信心的变化引起的。

因此，该书命名为《失业论》显然有些措辞不当，因为他的这本书关心的根本就不是这个问题，它真正关心的是：当劳动的供给函数给定，经济达到充分就业状态时，就业量会处于什么水平。而且，“全体劳动的实际需求弹性”的概念也旨在说明：当劳动的供给曲线发生变动时，充分就业水平会上升多少或下降多少。或者（也许是另一种更好的说法)，我们也可以将他的书看作是一次没有因果性的研究，它研究的对象是既定就业量水平和实际工资水平之间的关系。至于“什么决定了实际就业的水平”，这本书没有告诉我们答案，而对于“非自愿失业问题”，该书也没有直接提到。

即使庇古教授否认我所谓的“非自愿失业问题”存在的可能性(也许，他会这样做)，其分析还是很难被运用于现实之中。因为，他没有讨论是什么决定了 x 和 y 之间的关系，即工资品行业的就业量和非工资品行业的就业量之间的关系，而这是该理论的硬伤。

而且，他本人也承认：在一定的限度内，劳动者实际上决定的不是一个特定的实际工资水平，而是一个特定的货币工资水平。但如果是这样的话，劳动的供给函数肯定就不单单是 $F'(x)$ 的函数，它还将是工资品的货币价格的函数。这样一来，他前面的分析都没用了，因为这里引入了一个新变量，但却没有引入一个新的方程式来解这个未知变量。伪数学的方法（pseudo-mathematical method)，除了将所有事物都以单变量函数的形式表示并假定所有的偏微分都不存在以外，不可能在问题分析上有任何进展。如果事后承认确实存在其他变量，但拒绝作出任何修改，那么这种承认还有什么意义呢？因此，即便(在某种限度内）劳动者所能决定的只是货币工资水平并假定 $n = x + y$，我们仍会感到分析使的力不从心，因为我们不知道是什么决定了工资品的货币价格。而工资品的货币价格和就业总量之间是相互决定的，即如果不知道工资品的货币价格的大小，我们将不知道就业总量的大小；如果不知道就业总量的大小，我们也不可能知道工资品的货币价格的大小。为什么会这样？原因我已经说过，因为我们缺少一个方程式。而相比假定实际工资具有刚性而言，暂时假定货币工资具有刚性会使我们的理论更接近于事实。例如，1924—1934 年的英国，出现了经济动荡、不确定性风险飙升以及物价大幅波动的情况，但货币工资稳定的波动范围只有6%，而实际工资的波动范围却超过了20%。一个理论要想被称为“一般理论”，它必须适用于各种情况，而不单单是货币工资具有刚性的情况。政治家有理由抱怨货币工资应该具有很高的弹性，但理论家却需要毫无偏见地应对各种情况。一个科学的理论，绝不会要求实际情况向它的理论假设靠拢。

在庇古教授讨论货币工资的减少会带来何种影响的问题时，他又一次（在我看来）犯了引用的数据数量过少的毛病，所以他不可能给出任何明确的回答。一开始（庇古，《失业论》，第101页）他就驳斥了一种观点，即如果边际直接成本等于边际工资成本，则当货币工资减少时，非工资劳动者的收入将和工资劳动者的收入作同比例变化。因为，在他看来，上述结论只有当就业量保持不变的时候才成立，但就业量是否改变，却不得而知。但在下一页（同上所引，第102页），他自己也犯了同样的错误，他作出了“一开始，非工资劳动者的货币收入会保持不变”的假定。而他刚说过“只有当就业量保持不变的时候这个假定才能成立，但就业量是否改变，却不得而知”。事实上，除非引入新的变量，否则我们的研究不可能给出明确的答案。

如果承认“劳动者事实上决定的不是一个特定的实际工资水平，而是一个特定的货币工资水平（只要实际工资水平不低于某一最低限度）”，则整个分析都会受到影响，很多观点都将不攻自破，因为这些观点的基础假定，即“要想雇佣更多的劳动力，除非提高实际工资水平”将瓦解。例如，庇古教授驳斥乘数理论（同上所引，第75页）的理由就是：实际工资水平是保持不变的，因此当经济已经达到充分就业状态的时候，降低实际工资水平不可能使劳动的供给量增加。依据这样的假设条件，庇古教授的观点当然是正确的。但问题是，庇古教授的这段论述批评的却是一个应对失业的实际政策，他竟然脱离现实地、捕风捉影地认为：当英国的失业统计人数超过200万（即在现有货币工资水平下，有200万人意愿劳动却找不到工作）的时候，只要生活费用相对于货币工资上升造成了实际工资的下降，无论幅度有多小，都会有更多的人退出劳动力市场，而且人数会超过200万。

我们要强调一点：庇古教授的《失业论》，整本书都基于下面的假定，即只要生活费用相对于货币工资有所上升，哪怕幅度很小，都会使一部分人退出劳动力市场，而且退出的人数要超过现有的失业人数。

然而，在该段论述中（同上所引，第75页），庇古教授忽略了一点，他原本用来反击公共工程能够带来“第二级就业”（secondary employment）的观点，在同样的假设条件下，其实也反击了同一政策刺激“第一级就业”（primary employment）的观点。因为，如果实际工资水平真的是由工资品行业决定的话，则就业量无论如何都不能再增加，除非“非工资劳动者减少对工资品的消费”。因为，在“第一级就业”中刚刚参加工作的劳动者一般都会增加对工资品的消费，从而会降低实际工资水平，进而（按庇古教授的假设）会引起其他行业已经就业的劳动者退出劳动力市场。很显然，庇古教授承认“第一级就业”增加的可能性。而“第一级就业”和“第二级就业”之间的界线似乎也成了庇古教授的心理转折点，超过该点，其良好的一般常识便被其拙劣的理论取代了。

因为假设不同、分析不同，所以得出的结论也不同，这一点可从下面的重要引文中看出来，在那里庇古教授总结了自己的观点：“在劳动者实现完全的自由竞争和自由流动的情况下，事情（指工人们要求的实际工资水平和劳动的需求量之间的关系）会变得很简单。在一股强大力量的作用下，实际工资水平总会和劳动的需求量完美结合，从而使每个人都可能得到工作。如果情况稳定，则每个人确实都能得到工作。言外之意就是：只要存在失业，别管什么时候，其原因完全在于劳动需求状况的持续变化以及各种摩擦力导致的实际工资水平不能及时作出相应的调整。”①

所以，他得出的结论（同上所引，第253页）是：失业问题主要是由现有工资政策导致的，即工资水平不能按照劳动实际需求的变化作出足够的、及时的调整。

因此，庇古教授相信：从长期来看，失业问题可以通过调整工资水平的方法来解决②。而我认为：实际工资水平（其最低限度只由劳动的边际负效用决定），并不是主要由“工资的调整”决定的（虽然这种调整可能会对实际工资水平产生一定影响），而应该由经济体系中的其他因素决定。如果我的理解是对的，其中的几个因素（尤其是资本的边际效率和利率之间的关系），庇古教授根本就没有纳入其分析框架之中。

最后，当庇古教授讨论“失业的原因”的时候，他确实提到了需求状况的变动，这一点和我一样。但是，他却把劳动的实际需求的变动当作了需求状况的变动，而他忘了，按照他的定义，前者的含义很狭隘。根据他的定义（如我们上文所见），劳动的实际需求的大小仅取决于两个因素，即（1）特定环境中，总就业量和工资品行业的就业量之间的关系；（2）工资品行业的边际生产率。所以，在其《失业论》第五编中，劳动的实际需求量的波动被赋予了很重要的地位，

① 参见庇古的《失业论》，第252页。

② 其作用途径是利率水平发生了变化，但他没有给出这样的暗示或说明。

它被看作是一个在短期内易出现大幅波动的因素（同上所引，第五编，第6—12章）；并且他似乎认为，“劳动的实际需求量的波动”与“工资政策未能对这种波动作出敏锐反应”合在一起，构成了“经济周期”的主要诱因。乍一看来，读者可能会认为这种说法很合理而且也很熟悉，因为如果你们不仔细审视定义，就很可能将他所谓的“劳动的实际需求的波动”和我所说的“总需求状况的波动”混为一谈。一旦明白了“劳动的实际需求”指的是什么，庇古教授的观点就会完全丧失其说服力，因为我们会发现，短期内恐怕就属“劳动的实际需求”最不易发生变动了。

按照定义，庇古教授所谓的“劳动的实际需求”的大小仅仅取决于$F(x)$和$\phi(x)$两个函数，其中前者代表工资品行业的物质生产条件，后者代表总就业量和与之相适应的工资品行业的就业量之间的关系。而除了长期中的逐渐变化以外，我们很难找出这两个函数会发生变化的理由。可以肯定的是：我们没有理由认为，它们在一个经济周期中会发生变化。只会发生缓慢的变化。而且在生产技术逐渐进步的社会，只会发生向前的变化；而通常会很稳定，除非工人阶级突然变得很节俭，或更一般的情况，消费倾向发生了巨变。所以，我认为，在一个经济周期中，劳动的实际需求的数量将保持不变。我再重申一遍：对于“投资量的变动”这个不稳定因素，庇古教授在其分析中完全未予考虑，而事实上，这正是导致就业量波动的根本原因。

我对庇古教授的失业理论作了详尽的批判，倒不是因为他比其他的古典学派经济学家有更多可以批判的地方，而是因为，据我所知，他是唯一一个准确概括古典经济学派失业理论的人。所以，对我来说，要想批判古典经济学派的失业理论，对庇古教授的失业理论进行最为严厉的抨击当然义不容辞。

第十六章　就业函数[1]

第一节

在第三章（第 23 页），我们定义了总供给函数 $Z=\phi(N)$，它表示就业量 N 和与之对应的产量的总供给价格之间的关系。就业函数和总供给函数之间的区别在于：第一，前者是后者的反函数；第二，就业函数是以工资单位为计量标准的。就业函数要说明的问题是：在特定的有效需求（以工资单位计量）水平下，某个企业或行业或全体行业的就业水平如何，与该有效需求数量相适应的产出的供给价格如何有关。因此，如果将有效需求的数量（以工资单位计量）用 D_{wr} 表示，将某个企业或行业的就业数量用 N_r 表示，则就业函数的表达式为 $N_r=F_r(D_{wr})$。如果我们可以假设 D_{wr} 与有效需求总量 D_w 之间是一一对应的关系，则更为一般的就业函数的表达式是，$N_r=F_r(D_w)$，也就是说，如果有效需求为 D_w，则 r 行业中的就业数量就是 N_r。

---

① 那些（确实）不喜欢代数的人，可以略去本章第一节不读，这没有多大影响。

在这一章，我们将着力探究就业函数的某些特性。但除了对这些特性本身的兴趣之外，我们还有两个理由可以说明“为什么用就业函数代替通常意义上的供给函数是符合本书的论证方法和主旨的”。第一，本函数涉及的要素都以我们已严格限定的单位作为计量标准，那些含糊不清的单位一概不用；第二，该函数研究的是全体行业或总产出的问题，而不是单个行业或企业在特定情况下的问题，它在这一点上比通常意义上的供给函数有如下优势：

一般情况下，某类商品的需求曲线是在特定的公众收入水平下画出来的，而当收入水平发生变化时，这条需求曲线就会发生变化。同样的情况，通常意义上的某类商品的供给曲线是在整个行业产量的基础上画出来的，当总产量发生变化时，它也会发生变化。因此，当我们研究单个行业对就业总量的变化的反应时，关注单个行业的需求曲线和供给曲线是不够的，我们需要在就业总量不同的假设下，同时研究这两条曲线。而在反映全体行业的总就业量的变化方面，就业函数具有更强的可行性。

首先我们要假定：消费倾向保持不变，本书第十四章中提到的那些给定因素也要保持不变，接下来我们才能考虑“投资量的改变会对就业量产生何种影响”的问题。在此假定条件下，对应于任一水平的由特定比例的消费和投资构成的有效需求（以工资单位计量），经济中就存在一个特定的就业总量，而且会存在一个特定的收入分配情况。因此，我们有理由做进一步的假设：对应于任一给定的有效需求总量，其在不同行业间的分配方法必定是唯一的。

在就业总量已知的情况下，我们可以由此推测出各个行业的就业数量。也就是说，就业函数告诉了我们：在任一水平的有效需求（以工资单位计量）之下，各个特定行业的就业量如何。因此，特定行业的就业函数可以表述为 $N_r = F_r(D_w)$，而这正是我们上面提到的就业函数的第二种形式。而写成这样的形式对我们的分析很有帮助，因为要想得出特定有效需求下的全体行业的总就业函数，我们只要将单个行业的就业函数加在一起就可以了，即：

$$F(D_w) = N = \sum N_r = \sum F_r(D_w)$$

紧接着，我们要给“就业弹性”（elasticity of employment）下个定义。某个行业的就业弹性可以表述如下：

$$e_{er} = \frac{dN_r}{dD_{wr}} \cdot \frac{D_{wr}}{N_r}$$

它反映的是特定行业的雇佣劳动数量的变化相对于预期的用于购买该行业产品的工资单位数量的变化的敏感程度。全体行业的就业弹性可以表述如下：

$$e_e = \frac{dN}{dD_w} \cdot \frac{D_w}{N}$$

只要能够找到衡量产出的完美方法，我们同样可以给出所谓的“产出弹性”（elasticity of output）或“生产弹性”（elasticity of production）的概念。这个概念很实用，可以衡量特定行业的产出的变化相对于有效需求数量变化的敏感程度，可以表述如下（式中的 O 是“Output”的首字母，代表产出——译者注）：

$$e_{or} = \frac{dO_r}{dD_{wr}} \cdot \frac{D_{wr}}{O_r}$$

如果我们可以假定“价格等于边际直接成本”，则我们可以推导出①

$$\Delta D_{wr} = \frac{1}{1 - e_{or}} \cdot \Delta P_r$$

其中，P_r 代表预期利润。由此可作进一步推导：如果 $e_{or}=0$，即该行业的产出完全缺乏弹性，则有效需求的增量（以工资单位计量）将全部转化为企业家的利润，即 $\Delta D_{wr} = \Delta p_r$；如果 $e_{or}=1$，即产出弹性为1，则有效需求的增量将全部被边际直接成本吸收，转化为企业家利润的数量为零。

进而言之，如果某一行业的产量是该行业雇用的劳动数量的函数，用 ϕ（N_r）表示，则我们可以推导出②：

---

① 如果用 P_{wr} 表示以工资单位计量的单位产出预期的售价，则

$$\Delta D_{wr} = \Delta\ (P_{wr}O_r) = P_{wr}\Delta O_r + O_r\Delta P_{wr} = \frac{D_{wr}}{O_r} \cdot \Delta O_r + O_r \cdot \Delta P_{wr}$$

因此 $O_r\Delta P_{wr} = \Delta D_{wr}\ (1 - e_{or})$

等式转化为 $\Delta D_{wr} = \frac{O_r \cdot \Delta P_{wr}}{1 - e_{or}}$

而 $O_r\Delta P_{wr} = \Delta D_{wr} - P_{wr}\Delta O_r$

$= \Delta D_{wr} -$（边际直接成本）ΔO_r

$= \Delta P_r$

因此，可以推出

$$\Delta D_{wr} = \frac{1}{1 - e_{or}} \cdot \Delta P_r$$

② 因为，$D_{wr} = p_{wr}O_r$

所以，两边关于 D_{wr} 求导得：

$$1 = P_{wr}\frac{dO_r}{dD_{wr}} + O_r\frac{dP_{wr}}{dD_{wr}} = e_{or} - \frac{N_r\phi''(N_r)}{\{\phi'(N_r)\}^2 P_{wr}} \cdot \frac{e_{or}}{P_{wr}}$$

$$\frac{1-e_{or}}{e_{er}}=\frac{N_r\phi''(N_r)}{p_{wr}\{\phi'(N_r)\}^2}$$

其中，p_{wr}表示以工资单位计量的单位产出预期的售价。因此，条件 $e_{or}=1$ 意味着 $\phi''(N_r)=0$，即劳动的边际报酬保持不变。

现在，考虑到古典经济学理论通常假定“实际工资总是等于劳动的边际负效用，而后者会伴随就业量的增加而增加”，所以，当实际工资水平下降时，如果其他条件保持不变，则劳动的供给量也会下降，因为它通常假定“在这种情况下，实际的消费量（以工资单位计量）不可能增加”。如果这种说法是对的，则就业弹性的概念将失去意义。进而言之，在这种情况下，我们也不可能通过增加货币支出的方法来增加就业量，因为货币工资会随货币支出的增加作同比例的增加，因此以工资单位计量的实际消费支出不可能增加，进而就业量也不会增加。但是，如果古典经济学派的假设是不对的，则“通过增加货币支出的方法来促进就业”的方法还是可行的。因为实际工资水平完全可以下降到劳动的边际负效用的水平，而在这一时点上，按照定义，经济就算是达到了充分就业的水平。

当然，通常情况下，产出弹性 e_{or}会在 0 到 1 之间取值。而伴随产出弹性对公众开支（以工资单位计量）的反应，物价水平会出现和实际工资水平下降一样程度的上升。

我们可以引入物价相对于有效需求的弹性（以下简称物价弹性）的概念，以 e'_{pr}表示，其公式表达形式为：

$$e'_{pr}=\frac{dP_{wr}}{dD_{wr}}\cdot\frac{D_{wr}}{P_{wr}}$$

由于 $O_rP_{wr}=D_{wr}$，故等式两边关于 D_{wr}求导有：

$$\frac{dO_r}{dD_{wr}} \cdot \frac{D_{wr}}{O_r} + \frac{dP_{wr}}{dD_{wr}} \cdot \frac{D_{wr}}{P_{wr}} = 1$$

即：

$$e'_{pr} + e_{or} = 1$$

也就是说，相对于有效需求（以工资单位计量）的变化，物价弹性和产出弹性之和为1。按照这个规律，有效需求的作用部分在于影响价格上，部分在于影响产量上。

如果我们将所有行业作为一个整体看待，并能假定找到一个衡量总产出的标准，则上述结论亦适用于对全体行业的情况，即 $e'_p + e_o = 1$（注意，上式的脚注中没有 r，指的是适用全体行业的情况）。

现在，我们要用货币取代工资单位作为价值计量标准，这样就可以把我们的结论推广到全体行业。

如果我们用 W 代表单位劳动的货币工资，p 代表单位产出（作为一个整体）的预期货币价格，则我们可以构造一个货币价格相对于有效需求的弹性，可以用 $e_p = \left(\frac{dP}{dD} \cdot \frac{D}{p}\right)$ 表示，我们还可以构造一个货币工资相对于有效需求的弹性，可以用

$$e_w \left(= \frac{dW}{dD} \cdot \frac{D}{W}\right)$$

表示。而且，我们很容易就能表明[①]：

$$e_p = 1 - e_o\ (1 - e_w)$$

下一章我们将看到，此等式正是通往一般货币数量论的第一步。从该等式可以看出，若 $e_o = 0$ 或 $e_w = 1$，则 $e_p = 1$，则产量将保持不变，物价将伴随有效需求作同比例（个别情况下，作较小比例）的上升。

第二节

言归正传，让我们继续讨论就业函数。前面我们已经作出如下假定：对应于任何水平的总有效需求，其在各个行业产出之间的分配方法是唯一的。而当总支出改变时，用于单个行业产品的相应支出一般不会作出同比例的变化。部分是因为当收入增加时，个人用于不同行业产品的支出并不一定会作出同比例的增加；部分是因为当用于不同商品的支出增加时，不同商品的价格作出的反应程度也不相同。

---

① 因为，$P = P_w \cdot W$，$D = D_w \cdot W$

所以，
$$\begin{aligned}\Delta P &= W\Delta P_w + \frac{P}{W}\Delta W \\ &= W \cdot e'_p \frac{P_w}{D_w}\Delta D_w + \frac{P}{W}\Delta W \\ &= e'_p \frac{P}{D_w}\left[\Delta D - \frac{D}{W}\Delta W\right] + \frac{P}{W}\Delta W \\ &= e'_p \frac{P}{D_w}\Delta D + \Delta W \frac{P}{W}\ (1 - e'_p)\end{aligned}$$

因此，
$$\begin{aligned}e_p = \frac{\Delta P}{\Delta D}\frac{D}{P} &= e'_p + \frac{D}{\Delta D \cdot P} \cdot \frac{\Delta W \cdot P}{W}(1 - e'_p) \\ &= e'_p + e_w(1 - e'_p) \\ &= 1 - e_o(1 - e_w)\end{aligned}$$

基于迄今我们坚持的假定条件——就业量的变化仅取决于总有效需求（以工资单位计量）的变化，我们可以进而假定：新增收入的支出方式不止一个（这只是一个近似的说法）。但要明白一点，就业量可能会因为我们假定的总有效需求的增量在不同商品间的分配方式的不同而大不相同。比如，如果新增的有效需求更多地指向高就业弹性行业的产品，则总就业的增量会较大；如果新增的有效需求更多地指向低就业弹性行业的产品，则总就业的增量会较小。

同样道理，可能仅仅因为消费倾向转向了低就业弹性行业的产品，就会出现就业总量下降的问题，而此时的有效需求总量并没有发生任何变化。

上述考虑在分析短期经济现象时尤其重要，此处我们考虑的短期问题是指“事先无法预见到的消费的方向或数量的变化”。由于产品的生产需要一个过程，所以短期内快速增加其供给是不可能的。因此，在事先未知的情况下更多的需求转向某类商品，就业弹性往往会很低；而如果能有充分的时间予以反应，则就业弹性很可能会接近于1。

对于“生产周期”这个概念而言，我想其主要意义就在于此。我倾向于认为①，如果提前 n 个时间单位通知相应商品的生产者，该生产就能表现出最大的就业弹性，则我们就可以说该产品的生产周期为 n。很明显，大体上讲，消费品的生产周期是最长的，因为它们是每个生产过程的最后一个环节。因此，如果有效需求增加的最初推动力源于消费增加时，其提供的初始就业弹性必定远低于就业弹性最后的

---

① 这和通常的定义不同，但对我来说，这个说法已经涵盖了该定义的重要内容。

均衡值，而且也远低于最初推动力源于投资增加时的值。进而言之，当增加的需求指向的是具有低就业弹性的产品时，企业家阶层的收入会大大增加，而工薪阶层和其他生产因素的提供者的收入会增加很少，而最可能的后果是，消费支出会受到或多或少的不利影响。因为，当收入增加时，富有阶层比贫困阶层具有更高的储蓄倾向。但两种情况的差别也不宜过分夸大，因为二者的反应大部分还是相同的①。

然而，别管“事先预期需求变化的时间”有多早，投资增加的初始就业弹性也不可能和最后的均衡数值一样大，除非在生产的每个阶段都有过剩的存货和生产能力。而另一方面，存货的动用本身会对投资的增加产生抑制作用。我们可以假设，起初时，生产的每个环节都有一些库存，而且初始的就业弹性大致等于1。在存货被消耗殆尽而前一环节的产出又不足以供应下一个生产环节的需求时，就业弹性就可能回落。而当经济达到新的均衡时，就业弹性就可能又回升到1的水平。然而，这种情况的出现会受到很多条件的限制，伴随就业量的增加租金的提高是一方面，而利率的提高又是一方面，而它们都将吸收大量的消费力。由于这些原因，在一个动态的经济体系中，物价不可能完全稳定，除非某种特殊机制能使得消费倾向作出暂时的又恰到好处的变动。然而，由此引起的物价的不稳定性不会构成对利润的刺激，进而引起生产能力的过剩。因为，价格波动可能带来的意外收益只能由那些处于生产环节下游的企业家获得，而那些没有此类特殊资源的企业家什么也不可能得到。因此，经济波动不可避免造成的价格波动，不会影响企业家的行为，但的确会让一部分幸运儿获得意外收

① 关于此部分的详细论述，可以参见我写的《货币论》一书第四编的相关内容。

益（若变动方向相反，上述论断同样适应，但需要作适当修正）。我想，当代关于稳定物价政策的讨论，往往会忽视这一点。但实际上，在一个经济易于波动的社会中，任何旨在稳定物价的政策的效果都是有限的。但这也并不是说，任何微小的、暂时的物价波动经过日积月累必将造成经济的失衡。

第三节

我们已经指出：当有效需求不足时，就业也会出现某种意义上的不足——即便愿意接受比现行实际工资还低的工资水平，但仍有一部分人找不到工作。最后，当有效需求增加时，就业量也会增加，直至不再存在意愿接受实际工资水平的剩余劳动力，尽管那时的实际工资水平会等于或小于此时的水平，即除非货币工资上涨的速度比物价快，否则在现有实际工资水平下，企业无法雇佣到更多的劳动力（或让工人提供更多的劳动时间）。而接下来需要考虑的问题是：假设出现了上述情况，而如果支出仍持续增加的话，那会带来什么后果呢？

在就业量达到最大值之前，从企业家的角度看，在既定的资本设备上雇佣更多的劳动力，其边际收益是递减的，但从工人的角度来看，他们意愿接受的实际工资水平也是递减的（受就业竞争加强的影响——译者注），而这两项递减在作用上是可以相互抵消的。而在这点之后，要想再增雇一名劳动力，则必须提供更高的实际工资水平作为诱导，但同时增雇的这名劳动力能带来的实际产出量较之以前会更少。因此，要想维持均衡状态，工资、物价以及利润必须伴随支出的增加作同比例的上涨，因为只有这样才能保证经济各方面的“实际形势”（包括产出量和就业量）保持不变。而上述论述和最原始的货币数量论，$MV = OP$，（把货币流通速度解释为货币的收入流通速度）的观点是一致的，即产量 O 不会发生变化，而物价 P 会随 MV 作同比例的上升。

然而，要想把上述结论应用于实际，我们需要牢记下面这些实际限定条件：

（1）至少一段时间内，受物价上涨的诱导，企业家一时会做出增雇劳动力的决策，甚至会超过其能获得最大利润时的雇佣的劳动力水平。因为，他们已习惯于将货币销售额的增加作为扩大生产的信号，故即使事实上这种政策已经对他们不利，但他们仍会继续奉行，即在新的物价环境下，他们很可能会低估自己的边际使用者成本。

（2）考虑到企业家的一部分货币利润需要转交给那些靠收取固定收入为生的人，而这些货币收入一般是固定的，因此当物价水平上涨时，即便产出没有任何变化，实际收入也会在上述两部分人之间进行分配。而这种再分配对企业家有利，对固定收入者不利，进而消费倾向可能会受到不利影响。而这个情况并非只有当经济达到充分就业状态以后才会出现，它会出现在支出增加的任何过程之中。如果固定收入者比企业家节俭，则前者的实际收入逐渐下降时，为使经济达到充分就业状态，货币需要增加的量和利率需要下降的量，比在相反假设（即企业家比固定收入者节俭）之下的程度较轻。当经济达到充分就业状态以后，如果存在的是第一种假设，则当物价继续上涨时，利率必须上涨一些以阻止物价的无限制上涨，而且货币数量增量小于支出的增量。而如果存在的是第二种假设，则情况会相反。当固定收入者的实际收入减少时，这个阶层会逐渐变得贫困，进而可能出现转折点，情况会从第一种假设变为第二种假设，而这个转折点可能出现在充分就业状态之前，也可能出现在充分就业状态之后。

第四节

有效需求上涨时和有效需求下跌时的影响是明显不对称的（asymmetry），而且影响会有一些复杂：当有效需求紧缩到充分就业所需水平以下时，就业量和物价水平都会降低；而当有效需求扩张到充分就业所需水平以上时，只有物价水平会受到影响。然而，这种影响上的不对称性恰恰是事实的反映：当实际工资低于特定就业水平下的劳动边际负效用时，劳动者可以拒绝接受工作；当实际工资高于特定就业水平下的劳动边际负效用时，劳动者却不能要求雇主提供工作。

第十七章　价格理论

第一节

只要讨论有关价值理论的问题，经济学家们总会习惯性地告诫别人：价格水平的高低取决于供给和需求两方面状况，尤其是边际成本和短期供给弹性的变化，它们起着非常重要作用。但是，当读者读完第二卷涉及货币和价格理论部分的时候，他们可能有种“该部分自成一书”的感觉，因为原先那些通俗易懂的概念都已不再提及。我们会听到，价格取决于货币数量，取决于货币的收入流通速度，取决于流通速度与交易额之比，取决于货币贮藏，取决于强制储蓄，取决于通货膨胀和通货紧缩……诸如此类。而人们很少或根本就不会试图将这些空泛的概念同以前的“供给弹性”和“需求弹性”的概念联系起来。如果我们非要接受古典理论的观点，并努力将其合理化，则我们将发现：该理论无异于是在假定“供给弹性必然等于零，需求量与货币量必成一定比例”。如果讨论再复杂一些，我们将茫然不知所措，一切都变成了未知，一切都可能发生。在那种情况下，事情会变得扑朔迷离。就像投掷一枚硬币，有时候我们得到的是正面，有时候我们得到的是反面，而我们却不知道二者有何联系，正面如何变成反面，反面如何变成正面，就像我们有时候分不清到底是在做梦还是清醒一样。

本书在论述前面的章节时，曾试图避开这个具有两面性的问题，并努力将价格理论同价值理论密切联系起来。所以，我认为：将经济学割裂成“价值及其分配理论”和“货币理论”两部分的做法是不对的。我认为：正确的做法应该是将其分为“关于单个行业或者厂商的理论（研究一定量的资源如何在不同用途之间进行分配）”以及“关于社会总产量和总就业量的理论”两部分。如果我们把研究限定在单个行业或厂商的问题上，并假定可供利用的资源总量是不变的，其他行业或厂商的情况也暂时保持不变的话，则的确我们可以不必顾及货币的那些重要特性。但是，一旦我们涉足社会总产量以及总就业量的问题，则我们需要一套完整的货币经济理论作为支撑。

或许，我们可以在“静态均衡理论”和“动态均衡理论”之间进行必要的区分。在动态均衡理论中，我们要以变化的眼光看待所有问题，要相信人们对于未来的预期足以对现在的经济形势产生影响。而在这个问题当中，货币起着重要的作用，因为它是联系“现在”和“未来”的纽带。或许我们可以先讨论，在人们对于未来的预期以及其他方面经济形势看法没有发生变化，以及受正常经济动机驱使的影响下，均衡时的资源如何在不同用途之间进行分配的问题。而后，再将讨论逐步深入，分析经济形势“变与不变”的问题，但这一切在事先都完全可以预料到。进而我们可以将分析由简单的理论引入复杂的实际，而在现实世界中，我们原先的预期有可能是错的，而且对于未来的预期有可能会影响到我们现在的经济行为。当分析由静态转向动态的时候，我们就必须考虑货币本身具有的“联系现在和未来”的特性了。但是，尽管有关移动均衡的理论必须以货币经济作为支撑，但它仍属于“价值及其分配理论”，而不是单独的“货币理论”。货币最主要特质就是，能以一种微妙的方式将现在和未来联系起来。而如果没有货币，我们甚至就无法分析“预期的改变对当期经济活动的影响”。即便能废除黄金、白银等作为法定偿付手段的地位，我们也不能阻止货币的存在①。因为，只要存在耐用资产，它便具有货币的特性②，所以我们便无法摆脱货币经济所特有的问题。

第二节

就单个行业而言，其产品特有的价格水平，部分取决于计入边际成本的生产要素的报酬额，部分取决于生产规模。而当我们转而讨论全体行业的情况时，上述结论完全有理由适用，即“一般价格水平，部分取决于计入边际成本的生产要素的报酬额，部分取决于生产的总规模——在设备和技术保持不变的情况下，就业量的大小”。因此，当我们将产量作为一个整体看待时，任何行业的生产成本都会受到其他行业产量大小的影响。但比这更重要的是，我们必须顾及需求的变动对成本和产量二者的影响。而当我们讨论的是总需求，而不是（单独研究特定产品的）单个需求的时候，我们有必要在需求方面引入新

① 关于货币，马克思曾说过一句名言：金银天然是货币，而货币天然不是金银。他说的就是这个意思。——译者注

② 参见本书第十三章。

的观点，即“假定总需求保持不变”。

第三节

为了简化分析，我们将假定：计入边际成本的各种生产要素的报酬额将作同比例的变动，即按照同工资单位相同的比例发生变动。这样一来，在设备和技术保持不变的情况下，一般价格水平将部分取决于工资单位的大小，部分取决于就业量的大小。因此，货币数量的变动对一般价格水平的影响，可以认为是“对工资单位的影响”和“对就业量的影响”的复合影响。

为了阐明相关的问题，我们将进一步简化我们的假设：(1) 所有未被利用的资源具有相似性，其在生产上的功效是相同的，因而是可以互换的；(2) 只要存在尚未被利用的资源，所有计入边际成本的生产要素都乐意接受相同的货币工资水平。在这种情况下，只要存在失业，工资单位和要素报酬便不会发生改变。而且，只要存在失业，货币数量的增加便不会对物价水平产生任何影响，而就业量会伴随（货币数量增加引起的）有效需求的增加作同比例的增加。因此，如果存在失业的时候供给有完全的弹性，达到充分就业之后供给完全不具有弹性，而且有效需求会伴随货币数量作同比例变化的话，则货币数量论可以表述如下：“如果经济中存在失业，则就业量将伴随货币数量作同比例的变化；如果经济达到充分就业，则物价水平将伴随货币数量作同比例的变化。”

为了简化论述，我们已经引入了足够多的简化假设，这样货币数量论才得以成立，而这也符合传统的分析方法。现在，我们将考虑一些可能影响分析结论的因素：

（1）有效需求同货币数量的变化比例不同；

（2）由于资源不同质，因而当产量逐步增加时，它们的报酬不是固定的而是递减的；

（3）由于有些资源在生产中不能互换，因而当有些产品的供给达到完全无弹性的状态时，有些商品尚存在未被利用的资源；

（4）在达到充分就业状态之前，工资单位的取值可能会变大；

（5）计入边际成本的生产要素的报酬的变化比例不同。

因此，我们必须首先考虑货币数量的变化对有效需求数量的变化的影响。而一般来讲，伴随有效需求数量的增加，其后果是，就业量会增加，同时物价水平也会上升。因此，实际情况并不像我们想的那样“在失业存在的情况下物价水平会保持不变，在充分就业的状态下物价水平会伴随货币数量作同比例的上升”。真实的情况是“物价水平会随着就业量的增加而逐步上升”。也就是说，旨在分析货币数量变化同物价水平变化关系的价格理论，在运用它分析物价水平变化相对于货币数量变化的敏感性问题时，我们必须顾及到上面列举的五个因素。

下面，我们将一一考察这些因素的影响。但要注意，对它们的单独分析并不意味着它们之间（严格来讲）是相互独立的。比如说，当有效需求的数量增加时，产量和物价水平都会上升，而二者之间的比例可能会影响货币数量同有效需求数量之间的关系。再比如，受不同生产要素间报酬比例变化的影响，货币数量同有效需求数量之间的关系也可能会发生变化。要明白，我们分析的目的既不是要找出一种完美的机器设备，也不是进行盲目的计算，希望得出一个“放之四海而皆准”的原则。我们的目的是提供一种有组织的系统的分析处理具体问题的方法。当一一剔除复杂的因素而得出初步的结论之后，我们必须回过头来，尽我们的所能来分析这些因素之间可能存在的相互联系。这就是经济学分析问题的方法。继续沿着原来的想法分析问题（没有这些想法的话，一开始我们就会茫然不知所措），我们的确很可能会得出错误的结论。为经济分析披上伪数学方法的外衣，只会从表面上赋予其合理性，但经不起推敲，就像本章后面的第六节那样。因为这样做最大缺点的就是：各个因素之间相互独立是一个严格的条件，而一旦这些条件被摒弃，则这种方法将完全丧失说服力和权威性。然而，在日常学术切磋中，我们并非盲目推导，我们时刻清楚自己在做什么在说什么，我们时刻牢记着哪些是保留条件，哪些是限制条件，哪些地方以后需要作出调整。但我们不能把复杂的偏微分写在几页代数推导的后面，因为这几页根本就假定这些偏微分不存在。近来所谓的“数理”经济学大部分不过是一些学术拼凑，在这些学说的创始人看来，似乎用一些抽象的和毫无意义的符号就能代表现实世界的复杂性（complexities）和相互依赖性（interdepencies）。但由于其依赖的初始假设都是不可靠的，所以这些学说的可信度就可想而知了。

第四节

（1）货币数量的变化会对有效需求数量产生重要影响，其途径在于前者的变化会对利率产生影响。如果这是唯一的反应，则最终的影响的大小可以由下列三个因素推导出来：（a）流动性偏好，它告诉我们，要想让新增的货币被人们愿意持有，则利率需要下降多少；(b) 资本的边际效率，它告诉我们，要想让投资增加，利率需要下降多少；(c) 投资乘数，它告诉我们，特定的投资增量能使有效需求总量增加多少。

但要注意，上述 (a)、(b)、(c) 三个要素本身会部分受到我们后面要讲的 (2)、(3)、(4)、(5) 等复杂因素的影响。因此，尽管上述分析是有用的，它可以让我们的研究具有层次和头绪，但如果忽略了这一点，它将显得过于简单以至于具有欺骗的性质。首先，对"流动性偏好"而言，它本身的大小取决于"所得动机"和"业务动机"能够吸纳的新增货币数量。但反过来，这两种动机的大小却又取决于有效需求增量的大小以及这部分有效需求增量在价格上涨、工资上涨以及产出就业增加之间的分配方式。其次，对"资本的边际效率"而言，它将部分取决于货币数量的增加引发的人们对未来货币情形的预期的变化。最后，对"投资乘数"而言，它的大小会受到"有效需求增量带来的收入的增量在不同消费阶层之间的分配方式"的影响。当然，上面的论述并没有涵盖因素间所有的相互影响。但是，如果我们能掌握所有的事实，则我们完全可以通过解联立方程式的方法得出最终的结论。当考虑到所有的情况之后，我们完全能够解出与货币数量增加相适应的并能使经济处于均衡状态的有效需求增量的特定解。然而，只有在非常例外的情况下，伴随货币数量的增加，有效需求的数量反而会减少。

"有效需求数量"和"货币数量"之间的比值，和我们以前提到的"货币的收入流通速度"很像，但二者也有不同之处：有效需求的数量相当于推动生产的预期收入，而不是真正实现的收入，它指的是总收入而不是净收入。而“货币的收入流通速度”只不过是一个名词而已，它无法解释任何问题，而且我们没有理由认为它是一个常数。因为正像我们在前面的讨论中所讲的那样，它的取值取决于许多复杂的可变因素。所以我认为：分析中使用这个概念会掩盖问题的真实因果关系，它会让我们的分析变得晦涩难懂，所以除了造成混乱，其本身一无是处。

（2）我们前面（原版第 42 页）曾经说过，报酬递减和报酬不变的区别在于“工人的所得是否严格和他们的工作效率成一定比例”。如果成一定比例，则当就业量增加时，劳动成本（以工资单位计量）是不变的。但是，如果某个阶层的劳动者取得的收入是统一的，和他们的工作效率无关，则不论资本设备的生产效率如何，劳动成本总是递增的。此外，除了劳动成本的增加，边际直接成本的增加还会由另一个原因引起，那就是，资本设备是不同质的，因而利用其中某一部分设备进行生产时，单位产品的直接成本必定较大。

因此，一般而言，运用既定的设备增加产量，其供给价格必定上升。因此，当工资单位保持不变时，产量的增加必定会伴随着物价水平的上升。

（3）在第二点中，我们考虑了供给具有不完全弹性的情况。如果各种未被利用的资源在数量之间存在完美的平衡关系，则它们必定同时达到充分就业的状态。但是，一般而言，当有些劳务或商品的需求超过其供给，并且其供给短期内毫无弹性的时候，在其他的劳务或商品方面，可能仍存在大量的未被利用的资源。因此，伴随产量的增加，生产会面临一系列的“瓶颈”，特定劳务或商品的供给会暂时出现无弹性的情况，而这时它们的价格必定会出现必要的上升，因为只有这样才能将人们的需求转向其他方面。

因此，当产量增加时，只要每种类型的资源都存在未被利用的部分，则一般物价水平很可能不会上涨太多。但是，如果产量增加到生产出现“瓶颈”的时候，则某些商品的价格就可能急剧上涨。

而该点和第二点一样，商品的供给弹性会部分取决于时间的长短。如果存在足够的时间让资本设备进行变动，则相应的商品的供给弹性最终会变大。因此，在失业问题严重的情况下，有效需求数量的温和上升很可能不会引起物价的上涨，而主要会引起就业量的增加。而如果有效需求变动很大，而且无法被预料到，则生产很可能会出现暂时的“瓶颈”，进而物价而不是就业量会上涨很多，而且一开始这种上涨的幅度会相对较大。

（4）在经济达到充分就业状态之前，工资单位会有上升的趋势，这一点无需作过多的解释。由于在其他条件不变的情况下，一部分工人会因为自身工资的增加而受益，因此所有的工人都会自然而然地要求提高工资水平，而在企业经营良好的时候，雇主们一般也乐意满足工人的加薪要求。因此，有效需求的部分增量很可能会被工资单位的上升趋势所吸收。

因此，充分就业只是一个最后的“临界点”（critical point）。在该点之后，随着有效需求（以工资单位计量）数量的增加，货币工资水平会伴随工资品价格作同比例的上升。但在该点之前，经济可能面临一些“半临界点”（semi-critical point），即在这些点上，当有效需求数量增加时，货币工资水平也会上升，只是上升的比例不及工资品价格而已；反之亦然。但实际经验告诉我们：工资单位（以货币计量）的取值并不会因为有效需求的每次变动而变动，它的变动是不连贯的。这些不连贯的变动点的位置，是受“工人的心理”以及“雇主和工会的各项政策”决定的。在一个开放的经济体系中，它还会受到各国间的工资成本的相对变化的影响。在一个经济周期中（哪怕是针对在一个封闭的经济体系），它还会受到预期的未来工资成本相对变动的影响。因此，这些不连贯的半临界点具有非常重要的实际意义。在这些临界点上，如果有效需求（以货币计量）的数量继续增加，则工资单位将作不连贯的上升，从某种意义上讲，这种情况可以被称之为“半通货膨胀”（semi-inflation），它和我们下面要讲的“绝对通货膨胀”（absolute inflation）（参见本书原版第 303 页，它是指在充分就业状态下，有效需求继续增加所引发的一种结果）有一定的相似之处。而且，这些半临界点的历史意义也很重大，但只是很难用理论加以概括。

（5）为了论述的简便，在本节一开始我们便假定，计入边际成本的各种生产要素的报酬额会作同比例的变动。但事实上，不同生产要素的报酬刚性是不同的，而且当得到的报酬变化时，其供给弹性也不相同。如果撇开这些情况，则我们可以说，物价水平是由工资单位和就业量决定的。

在边际成本中，改变比例与工资单位变化最不同而且变化幅度最大的部分，当属“边际使用者成本”。因为，当有效需求增加时，人们往往会改变以往的预期，认为资本设备的重置之日必须提前。如果是这样的话（很可能是这样），当就业稍有改善的时候，边际使用者成本就可能出现急剧增加的情况。

尽管从很多方面考虑，假设“计入边际成本的各种生产要素的报酬额会随工资单位作同比例的变动”是一个很好的做法。但或许更好的做法是，对计入边际成本的各种生产要素的报酬作加权平均，得出的数值我们可以称之为“成本单位”（cost-unit）。而这个成本单位，和其近似值“工资单位”（wage-unit）一样，可以被看作“价值的基准单位”。在技术和设备既定的情况下，物价水平的高低将部分取决于成本单位的大小，部分取决于生产规模的大小。而受短期内边际报酬递减规律的影响，产量增加时，物价水平的上涨幅度必定大于成本单位的上涨幅度。而伴随就业量的增加，当生产要素的边际报酬（以必要的单位计量）降至足以维持产出的生产要素所要求的最低报酬时，我们便可以说，经济达到了充分就业状态。

第五节

当有效需求数量的继续增加“对产量已无任何促进作用，而只会使成本单位随有效需求作同比例上涨”时，我们就可以说，经济出现了“真正的通货膨胀”。到这一点的时候，通货膨胀是必然的，只是大小的问题。当然，我们不可能在“半通货膨胀”和“真正的通货膨胀”之间划出一条明确的界线，通货膨胀超过此界线便可以宣称“真正的通货膨胀”的到来。而在此界线之前，货币数量的增加在增加有效需求数量方面，部分会作用于成本单位的上升，部分会作用于产量的增加。

然而，很明显，情况在此（真正的通货膨胀）临界水平两边是不对称的。当有效需求数量降至此临界水平以下时，若以成本单位计量，其数量必定减少。当有效需求数量扩张至此临界水平以上时，若以成本单位计量，一般来讲，其数量未必会增加。之所以会这样，应该跟我们通常的假定有关，即各种生产要素（尤其是劳动力）总是有抵制削减货币报酬的倾向，而没有抵制增加货币报酬的倾向。然而，此假定显然有充分的事实基础，而且在货币报酬并非全面变动而是局部变动的环境下，特定的生产要素更易接受货币报酬的增加而抵制货币报酬的减少。

相反，当经济有低于充分就业状态的倾向时，货币工资就会无限制地下降，不对称的情况就会消失。但这种情况下，经济在充分就业水平以下是没有稳定状态的，除非利率能进一步下降或工资水平为零。事实上，要想使货币经济体系表现出稳定性，一些生产要素（以货币计量）的价值即便不是固定的，也至少应该是具有黏性的。

有一种观点认为：任何货币数量的增加都具有通货膨胀（除非我们定义，通货膨胀仅指物价水平的上涨）的性质。这个观点显然受到了古典经济学派经济理论潜在假定的束缚，即生产要素的实际报酬减少时，其供给也必然会减少。

第六节

运用在第十六章引入的一些经济符号，我们可以把上面的论述用数学语言再描述一遍。

令 M 代表货币数量，V 代表货币的收入流通速度（此定义与以前的通常定义稍有不同），D 代表有效需求数量，则 $MV = D$。在 V 为一常数，e_p（$= \frac{D}{P} \cdot \frac{dP}{dD}$）等于 1 的情况下，物价将与货币数量作同比例变动。当 $e_o = 0$ 或 $e_w = 1$ 时，上述条件恰好满足（参见本书原版第 286

页）。e_w（$=\frac{D}{W}\cdot\frac{dW}{dD}$）等于1时，意味着工资单位（以货币计量）将随有效需求作同比例上涨；e_o（$=\frac{D}{O}\cdot\frac{dO}{dD}$）等于0时，意味着产量不再对有效需求的增加有任何反应。而不管在上面哪种情况下，产量都将保持不变。

其次，如果 V 不是一个常数，则我们需要再引入一个弹性的概念，即有效需求相对于货币数量的弹性，可以表述为：

$$e_d=\frac{M}{D}\cdot\frac{dD}{dM}$$

进而，

$$\frac{M}{P}\cdot\frac{dP}{dM}=e_p\cdot e_d\text{，其中 }e_p=1-e_e\cdot e_o(1-e_w)$$

因此，
$$\begin{aligned}e&=e_d-(1-e_w)\,e_d e_o\\&=e_d\,(1-e_e e_o+e_e e_o e_w)\end{aligned}$$

其中（无下标的）$e=(\frac{M}{p}\cdot\frac{dP}{dM})$ 指这一金字塔的尖顶，其衡量的是物价变动相对于货币数量变动的敏感程度。

由于上面最后一个公式反应的是物价变动相对于货币数量变动的敏感程度，所以它可以被看作是货币数量论的一般表述形式。但我认为：上述推导并没有多大价值。所以，像以前一样，我要再给读者们提个醒：和日常谈话一样，上述推导过程中暗含着一些假定条件，即所有的变量都视为自变量（不考虑偏微分）。所以，我怀疑上面的推导并不能比日常谈话高明到哪去。因此，尝试将物价和货币数量之间的关系用公式表达出来，其最大的好处恐怕在于说明二者之间有着非常复杂的关系。然而，我们仍有必要指出一点，即货币数量的变动对物价水平的作用将受到 e_d、e_w、e_e 以及 e_o 这四个因素取值的影响——e_d 代表流动性偏好因素，决定任何情况下对货币的需求；e_w 代表劳动力因素（或者说得更严格些，代表计入直接成本的各种生产要素），它决定了货币工资水平伴随就量增加时上涨程度；e_e 和 e_o 代表物质因素，它们决定了，在既有设备上通过增雇劳动力的方式增加就业时，劳动报酬的递减程度。

如果公众总是将收入的一定比例用现金方式持有，则 $e_d = 1$；如果货币工资水平保持固定，则 $e_w = 0$；如果生产报酬保持不变，边际报酬等于平均报酬，则 $e_e e_o = 1$；如果劳动力或者资本设备达到完全就业状态，则 $e_e e_o = 0$。

现在，如果 $e_d = 1$，$e_w = 1$；或者 $e_d = 1$，$e_w = 0$，$e_e e_o = 1$；或者 $e_d = 1$，$e_o = 0$，则在这些条件下，e 都将等于 1。当然，很明显，在其他一些特殊条件下，e 仍可能等于 1。但通常情况下，e 并不等于 1。所以，我们几乎可以肯定地说：只要我们的假设合情合理，只要不出现人们都急于将货币出手（这时 e_d 和 e_w 的取值会异常大）的情况，e 的取值一般都比 1 小。

第七节

迄今为止，我们讨论的主要是短期内货币数量的变动对物价水平的影响。但从长期来看，事情没有那么简单。

这个问题，最好还是交给历史去下结论，而不是做纯粹的理论分析。如果从长期来看，流动性偏好存在某种稳定趋势的话，则将其在悲观时期和乐观时期的值进行平均，我们应该能得出国民收入和满足流动性偏好所需货币数量之间某种粗略的关系。例如，在长期内，人们愿意以货币形式持有的收入占整个国民收入的比例应该是固定的，而只要利率高于能够承受的某种心理底线，公众似乎不会长期持有现金而闲置不用的。因此，如果现金的数量超过了满足经济正常流通需要的量，并且占国民收入的比例超过了上面提到的那个比例，则利率会趋于那个心理底线的水平下降，而且这种下降是迟早的事。如果其他条件保持不变，则利率的下降会增加有效需求的数量，进而经济会达到一个或多个半临界点。在该些临界点上，受物价水平上涨的影响，工资单位会表现出不连贯的上升趋势。如果剩余的货币数量占国民收入的比例异常低，则经济会出现相反的变动趋势。因此，一段时间内，利率波动的净影响在于形成一个平均数，以使国民收入和货币数量之间形成稳定的比例关系，而受公众心理的作用，这一点迟早会出现。

这些趋势，在向上时比向下时所遇阻力要小。因此，如果货币数量长期处于匮乏的阶段，则解决问题的出路在于“变革货币本位或货币制度以提高货币的数量”，而不在于“强行压低工资单位水平”，因为这样做只会加重人们的债务负担。所以，物价水平的长期变化趋势总是向上的。因为，当货币相对充裕时，工资单位水平会上升；而当货币相对短缺时，某些手段总会被发现以增加货币的有效数量。

在19世纪，就每十年的平均值而言，人口的增长、发明的涌现、新大陆的开拓、公众的信心和战争的频率等因素，再加上消费倾向，这些足以构造一个资本的边际效率图表：一方面就业的平均水平已经相当令人满意；另一方面足够高的利率水平也极易被财富所有者从心理上接受。有资料表明：在将近150年的期间里，各主要金融中心的长期年利率水平都保持在了5%左右，而金边利率水平在3%—3.5%之间。所有的利率水平都不太高，而这足以刺激投资的稳定增加，进而就业的平均水平也不是太低。有时候工资单位会发生变动，但更多的时候是货币本位或货币制度（尤其是银行券的出现）进行调整，以保证货币数量（以工资单位计量）能充分满足正常的流动性偏好，而利率水平又不至于低于上面提到的标准水平太多。一般来讲，工资单位具有一个稳定上升的变化趋势，但同时劳动的效率也在增加。在各种力量的平衡作用之下，物价水平是相当稳定的——从1820年到1914年，若以5年为周期，则计算得出的索贝克物价指数（Sauerbeck's index）最高也不过0.5。这绝非偶然情况，它是那个年代各方面力量平衡作用的结果：雇主阶层势力强大，以至于阻止了工资单位相对于实际生产率的较快上升；当时的货币体系既相当灵活又相当保守，其所提供的平均货币供给数量（以工资单位计量），既使利率保持了较低的水平又使财富所有者的流动性偏好得以满足。当然，这种情况下的平均就业量会大大低于充分就业水平，但也没有低到让人难以忍受并足以引发变革的地步。

受一系列原因的影响，现在以及可以预见的未来面临的情况是，资本的边际效率的值比19世纪时还要低很多。我们现在面临的问题相当尖锐、相对棘手，因为当平均的利率水平与合理的就业水平相适应时，它又无法被财富所有者所接受，因此仅仅通过控制货币数量是不能使利率降至合理水平的。只要货币的供给充足（以工资单位计量），就业水平至少在二三十年间是说得过去的，这同样适用于19世纪时的情况。如果这是我们面临的唯一问题，则只需要让货币保持足够的贬值率，我们肯定就能找出一条解决问题的出路。

但在当代的经济体系中，到目前为止（将来恐怕也一样），最稳定、最不易变动的因素恐怕就是财富持有者普遍能够接受的利率的最低水平[①]。如要想使就业水平还说得过去，则利率水平必须比19世纪的平均利率水平还要低，但能否通过控制货币数量达到这个目的，这一点很值得怀疑。资本的边际效率代表的是借款人预期能够获得的收益百分比，但从中减去借贷双方的磋商成本、所得及其附加税、贷款人要求的风险和不确定性补偿之后，剩下的才算是净收益，才能作为诱导财富持有人放弃流动性偏好的代价。在平均就业水平还说得过去的情况下，如果这个净收益非常小，则此久负盛名的应对措施也将失效。

言归正传，从长期来看，国民收入和货币数量之间的关系应该取决于人们的流动性偏好；而物价水平的稳定与否则取决于工资单位（或者说得更精确些，成本单位）相对于经济体系的生产效率的上升趋势的大小。

---

① 引用19世纪巴杰霍特（Bagehot）说过的一句话："约翰·布里（John Buli）可以忍受很多东西，但无法忍受2%的年利率。"